나의 겁 없는 왕홍 커머스 중국어

이선아 저

다락원

창밖으로 보이는 경치가 이제 가을 분위기를 물씬 풍기면서 운치 있게 변했네요. 21세기 4차 산업혁명 트렌드를 이야기할 때마다 나오는 질문 중 하나가 바로 미래 시대에는 과연 어떤 직업이 살아남고 또 도태되는가하는 질문일 텐데요. 앞으로는 우리가 알고 있는 많은 직업들이 사라질 것이고 그 뒤를 새로운 직업들이 대신하게 될 것입니다. 여기서 변하지 않는 하나의 진리는 바로 '기계로 대체할 수 없는 직업은 살아남을 것'이라는 점이지요.

그런 측면에서 본다면 왕홍이나 쇼호스트처럼 고객과 직접 소통하는 직업은 로봇이 대체할 수 없을 것입니다. 설사 대체할 수 있다고 해도 인간과 소통하면서 느끼는 친밀감과 신뢰감은 쌓기 힘들 것입니다. 그렇기 때문에 자신의 팬덤을 가진 왕홍은 분명 미래 시대에도 충분한 경쟁이 있을 것이라고 봅니다. 소비자 입장에서 생각하고 그들의 수요를 반영해 주고 같이 공감하면서 소통하는 왕홍이 꽤 매력적으로 느껴지지 않나요? 거기다 고액의 몸값까지 생각한다면 한번쯤 도전해 볼 만한 가치가 있다고 생각합니다.

현재 저는 '왕홍 라이브 커머스 클래스'를 런칭해 수업을 진행하고 있습니다. 이렇게 수업 현장에서 학생들을 만나 보니, 해당 클래스는 다른 클래스에 비해 학생들의 수준 차이가 매우 커서 이를 보완할 교재의 필요성을 절감하게 되었습니다. 그렇게 저는 왕홍과 중국의 라이브 커머스 시장에 대해 이제 막 관심을 갖게 된 초급자나 방송을 진행할 능력이 있는 중급 실력자를 모두 만족시킬 교재 『나의 겁 없는 왕홍 커머스 중국어』를 집필하게 되었습니다.

오직 이 한 권만으로도 웬만한 제품 소개는 기본적으로 할 수 있도록 라이브 커머스 매출 상위 제품별로 기본적인 표현부터 심화 표현들을 최대한 꽉꽉 눌러 담았고 단어까지도 디테일하게 수록하였으며, 특히 초급자들도 쉽게 접할 수 있도록 모든 중국어 문장에 병음을 표기하여 혼자서도 충분히 공부해 볼 수 있도록 했습니다.

20년 가까이 중국어 통번역 대학원 입시 강사로 일해 온 저에게 이번 교재 작업은 도전의 연속이었습니다. 처음 기획 단계부터 방향을 잡지 못해 고민하던 저에게 교재의 컨셉과 구성에 대해 다양한 아이디어를 제시해 주고 빠른 출판을 위해 노력해 준 다락원의 박소정 님께 특별히 감사의 말을 전하고 싶고, 마지막으로 이 교재의 기초를 잡아 준 정현주 님, 완성도를 높여 준 이미령 님에게 고마움을 전하고 기획부터 마지막 교정까지 모든 과정을 함께 해 준 정희연 님에게도 감사의 말을 전하며 저자의 서(序)를 마칩니다.

2022년 10월의 어느 멋진 날에
이선아

🎯 중국 라이브 커머스 시장의 폭발적인 성장

몇 년 전 중국에서 라이브 커머스가 유행하면서 유명 스타가 아닌 일반인들이 라이브 방송을 통해 유명 왕홍이 되는 걸 본 적이 있습니다. 이때만 해도 잠깐 나타났다 사라지는 디지털 트렌드 정도로 생각했지만 코로나19 팬데믹으로 비대면 생활이 장기간 지속되면서 집에서 편하게 휴대폰으로 자신이 좋아하는 왕홍의 소개를 들으면서 물건을 쇼핑하는 것은 이제 생활의 일부가 되었습니다.

🎯 천문학적 매출을 올리는 왕홍 라이브 커머스에 대한 관심

막강한 팬덤을 거느린 왕홍들이 하룻밤 사이에 천문학적인 매출을 올리는 중국 라이브 커머스 시장에 대해 많은 중국어 학습자들의 관심이 높아지고 있습니다. 이 시장에 뛰어들고자 하는 학습자들의 수준은 천차만별입니다. 이제 겨우 HSK 3~4급을 따고 간단한 표현 정도만 가능한 학생이 있는가 하면 통번역 대학원을 졸업하고 본격적으로 왕홍 세계에 도전해 보려는 실력자들도 있었습니다. 하지만 통번역 대학원에서는 주로 정치·경제·IT 등 전문 분야의 포멀한 통역을 배우기 때문에 다양한 제품들을 소개하고 현장에서 소비자들과 바로바로 소통해야 하는 라이브 방송은 통번역 대학원생들에게도 꽤나 생소한 분야일 수 밖에 없습니다.

🎯 수준별 학습 가능! HSK 3-4급 실력이라도 충분

이 책은 수준별 학습이 가능하도록 설계하여, 왕훙 라이브 커머스에 관심이 있는 사람이라면 누구라도 쉽게 접근하여 자신의 실력에 맞게 공부할 수 있습니다. 우선 자신의 수준이 초급 수준이라면 일단 PART I에 정리된 중국어 기초 지식, PART II에 정리된 분야별 단어부터 열심히 외워 보시기 바랍니다. 그런 다음 PART III에 소개되는 멘트 중 기본 소개 멘트들까지만이라도 확실하게 외워 보세요.

🎯 중고급 실력자는 디테일 챙겨 가기

중급 이상의 실력자들은 각 제품별로 디테일한 소개 표현들을 여러 번 읽고 외워서 자신의 멘트로 만드는 연습을 하고 그것을 자신이 소개할 제품에도 응용해 보면서 표현을 확장해 보세요.

🎯 독자 편의에 진심인 교재, 실전 꿀팁도 가득

아무래도 소비자들과 소통해야 하니 발음에 특별히 유의해야 합니다. 독자분들의 편의를 위해 모든 중국어 문장 아래 병음을 표시해 두었으니 녹음을 들으며 정확하게 발음하며 익히시기 바랍니다. 또, 부록에는 라이브 커머스 시장이 낯선 독자들을 위해 고객 응대 관련 중국어 매뉴얼부터, 중국 라이브 커머스 플랫폼 소개, 왕훙들의 현장감 넘치는 상품 판매 영상도 정리되어 있으니 실전 꿀팁 가득 얻어 가세요!

> 이 책을 펼친 여러분들 모두
> 중국 라이브 커머스 시장이라는 새로운 분야에
> 겁 없이 도전해 보길 바랍니다!
>
> 저자 이선아

이 책 100% 활용법

『나의 겁없는 왕홍 커머스 중국어』는 중국 현지 사람을 상대로 하는 라이브 커머스 시장에 진출하고 싶지만, 관련 용어나 표현이 낯선 초중급 수준 중국어 학습자분들을 위한 책입니다.

본 교재는 크게 세 가지 PART로 나누어져 있습니다. 중국어 기초 지식을 가볍게 정리한 후, 주제별 단어를 익혀 어휘 수준을 올린 다음, 실전 라이브 커머스 표현을 익히는 단계별 학습을 구현했습니다.

PART I 기초 지식

중국어 기초 지식이 부족한 분들을 위해 준비했습니다. 라이브 커머스 방송 때 꼭 필요한 기초 표현들 위주로 정리했습니다.

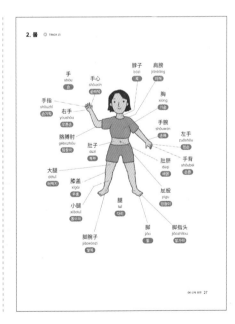

PART II 주제별 단어

중국 라이브 커머스 시장에서 인기 있는 품목들을 여섯 개 선정하여 품목 주제별로 필수 단어들을 선별한 후, 난이도별로 '기초 단어'와 '심화 단어'로 다시 한 번 구분하여 정리했습니다.

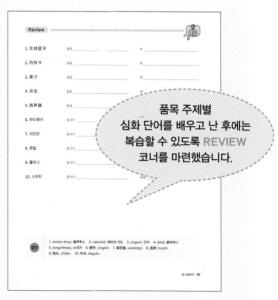

품목 주제별
심화 단어를 배우고 난 후에는
복습할 수 있도록 REVIEW
코너를 마련했습니다.

PART Ⅱ에서 살펴본 품목 주제를 기준으로 PART Ⅲ을 UNIT 여섯 개로 구분하였습니다. 앞선 파트에서 배운 기초 지식과 주제별 단어를 토대로, 실제 라이브 커머스 방송에서 필요한 표현들을 정리했습니다.

1. 알아 두면 유익한 왕홍 정보

중국의 인플루언서 '왕홍'에 대한 기초 지식을 여섯 개 유닛에 나누어 담았습니다.
중국의 '왕홍'들은 중국 소비 시장에 얼마나 영향력을 끼치고 있고, 어떻게 수익을 창출하고 활동하는지 알아보세요.

2. 단어 복습 영상

PART Ⅱ에서 배운 품목 주제별 단어들을 잘 기억하고 있는지 복습해 보세요.
영상을 보며 직접 소리내어 읽어 보고 원어민의 발음으로 들으면서 단어와 친해지세요.

3. 문장 예습 영상

앞으로 배울 문장에 쓰일 문장들을 예습해 보세요. 문장 난이도가 어려운 것이 아니라 낯설어서 입에 안 붙고 잘 안 들리는 것이니 겁먹지 말고 차근차근 익숙해지세요.

라이브 커머스 방송에서 제품을 소개하고 판매할 때 사용할 수 있는 실전 문장들을 알아보세요.

매출이 올라가는 심화 설명

要想长时间保持妆容，最重要的是打好基础。

洁面后用爽肤水整理皮肤角质，之后将营养面霜充分涂抹于整个脸部，
用双手轻拍肌肤，直到面霜完全吸收。

防晒霜必须要涂，即便在冬天也一定要涂上防晒霜。

最近外出时必须戴口罩，所以化妆要薄一点，这样戴口罩也不会闷。

安瓶的营养成分会渗入真皮层，从而进行护理后让脸部散发光泽。

在基础护肤的最后阶段，将高效安瓶精华液充分涂抹于脸部和颈部，
然后用高频美容仪抹擦。

超声波热能传入至皮肤底层，赋予肌肤弹性。

要比起油性大的化妆品，更适合补水保湿的化妆品，
所以选择了玻尿酸含量重的产品。

含有维生素C的产品具有显著的美白和防止老化效果，
但在阳光下有可能会刺激到皮肤，因此建议晚上涂抹。

라이브 ON

今天给大家介绍去黑头的方法。

首先，将去除黑头的部位用化妆棉或毛巾敷热，轻微打开毛孔。

其次，取适量挤压鼻头两三次的量，涂抹后慢慢滚动。

最后，用温水彻底清洁后，涂抹冰凉的爽肤水或者敷面膜即可!

把爽肤水沾到化妆棒上。

涂抹保湿霜要足量。

请避开眼周和唇周，均匀涂抹晚霜。

光彩面霜可镇静肤色，让整张脸的焕发隐隐光彩，打造肌肤优雅感。

涂抹安瓶的一侧和没有涂抹一侧，大家能看到明显的差距吗?

这款产品我也是自掏腰包，提前囤下来的。

趁这次打折机会，建议大家多购买多个，给周围的人送礼物，
或者和朋友们一起使用吧。

今天准备的量就剩10套了，请大家赶紧订购。

 **차 례**

이 책의 표기법

이 책에 나오는 외국 브랜드 명칭은 한국에서 익숙한 발음으로 표기하는 것을
원칙으로 했습니다.

香奈儿 Xiāngnàiér 샤넬　　　　雅漾 Yǎyàng 아벤느

인명은 각 나라에서 실제 사용하는 발음으로 표기하였습니다.

李佳奇 Lǐ Jiāqí 리자치　　　　张大奕 Zhāng Dàyì 장다이

 MP3 다운로드

- 교재의 음원은 다락원 홈페이지(www.darakwon.co.kr)에서 무료로 다운
  로드할 수 있습니다.
- 스마트폰으로 QR코드를 스캔하면 MP3 다운로드 및 실시간 재생 가능한
  페이지로 바로 연결됩니다.

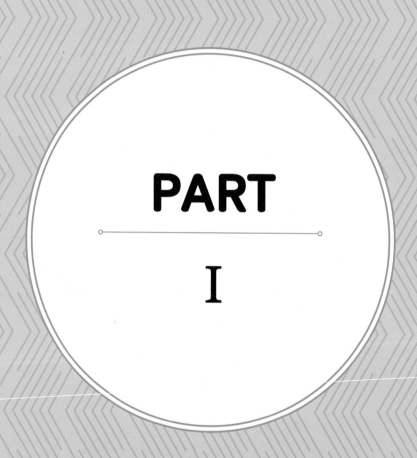

PART

I

기초 지식

0 1 중국어 발음

중국에서 사용하는 글자인 '간체자'는 그 자체로 발음을 나타낼 수 없는 뜻글자이기 때문에, '한어병음(汉语拼音)'을 사용해 중국어 발음을 표기하고 있습니다. '한어병음'은 로마 자모와 성조 기호를 이용해 중국어 발음을 표기하는 방안으로, 다음과 같이 '성모·운모·성조'로 구성됩니다. 한어병음은 로마 자모로 표기하지만 실제 발음은 영어 표기와 다르므로 유의해야 합니다.

1. 성조 ▶ TRACK 01

성조는 중국어 글자가 고유하게 가지고 있는 소리의 높낮이를 나타낸 것으로, 다음과 같이 성조는 발음이 같은 글자들을 구별해 주는 기능을 합니다. 중국에는 제1성, 제2성, 제3성, 제4성으로 4개의 성조가 있습니다.

성조표를 오선지로 생각하고 제1성, 제2성, 제3성, 제4성 발음을 연습해 봅시다.

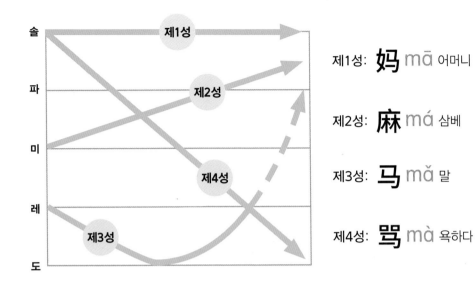

제1성: 妈 mā 어머니

제2성: 麻 má 삼베

제3성: 马 mǎ 말

제4성: 骂 mà 욕하다

본래의 성조를 잃고 짧고 가볍게 발음되는 '경성'도 연습해 봅시다. 다음과 같이 앞 음절의 성조에 따라 소리의 높이가 달라집니다.

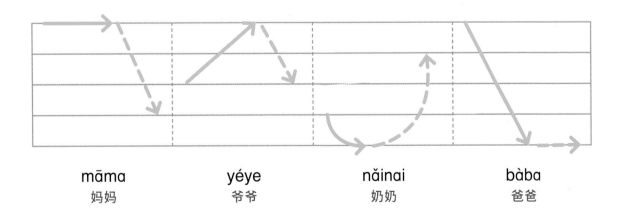

mmāma
妈妈

yéye
爷爷

nǎinai
奶奶

bàba
爸爸

2. 성모 ▶ TRACK 02

중국어 음절의 첫 부분에 오는 자음으로, 21개로 이루어져 있습니다. 발음 부위와 방법에 따라 쌍순음·설첨음·설근음·설면음·권설음·설치음으로 구분됩니다.

● 쌍순음

b [뽀어]	p [포어]	m [모어]	f [포어]	+	o

● 설첨음

d [뜨어]	t [트어]	n [느어]	l [르어]	+	e

● 설근음

g [끄어]	k [크어]	h [흐어]	+	e

● 설면음

j [지]	q [치]	x [시]	+	i

● 권설음

zh [즈]	ch [츠]	sh [스]	r [르]	+	i

● 설치음

z [쯔]	c [츠]	s [쓰]	+	i

3. 운모 ▶ TRACK 03

중국어 음절에서 성모를 제외한 나머지 부분으로, 총 36개로 이루어져 있습니다.

● 단운모

a	o	e	i	u	ü
[아]	[오어]	[으어]	[이]	[우]	[위]

● a, o, e로 시작하는 운모

ai	ei	ao	ou
[아이]	[에이]	[아오]	[어우]

비음 n과 ng를 대동한 운모는 '비음운모'라고 구분합니다.

an	en	ang	eng	ong
[안]	[으언]	[앙]	[으엉]	[옹]

● i로 시작하는 운모

ia	iao	ie	iou	ian	in	iang	ing	iong
(ya)	(yao)	(ye)	(you) (-iu)	(yan)	(yin)	(yang)	(ying)	(yong)
[이아]	[이아오]	[이에]	[이어우]	[이엔]	[인]	[이앙]	[잉]	[이옹]

● u로 시작하는 운모

ua	uo	uai	uei	uan	uen	uang	ueng
(wa)	(wo)	(wai) (-ui)	(wei)	(wan)	(wen) (-un)	(wang)	(weng)
[우아]	[우어]	[우아이]	[우에이]	[우안]	[우언]	[우앙]	[우엉]

● ü로 시작하는 운모

üe	üan	ün
(yue)	(yuan)	(yun)
[위애]	[위앤]	[윈]

성모 없이 운모 i, u, ü로 시작하는 음은 yi, wu, yu로 표기해야 합니다.

● 권설운모

er
[얼]

0 2 숫자 표현

1. 수사

● 정수 ▶ TRACK 04

▸▸ 0~100

0	1	2	3	4	5	6	7	8	9	10
零	一	二	三	四	五	六	七	八	九	十
líng	yī	èr	sān	sì	wǔ	liù	qī	bā	jiǔ	shí

11	12	13	14	15	16	17	18	19	20
十一	十二	十三	十四	十五	十六	十七	十八	十九	二十
shíyī	shíèr	shísān	shísì	shíwǔ	shíliù	shíqī	shíbā	shíjiǔ	èrshí

......

91	92	93	94	95	96	97	98	99	100
九十一	九十二	九十三	九十四	九十五	九十六	九十七	九十八	九十九	一百
jiǔshíyī	jiǔshíèr	jiǔshísān	jiǔshísì	jiǔshíwǔ	jiǔshíliù	jiǔshíqī	jiǔshíbā	jiǔshíjiǔ	yìbǎi

> 10만 十万 shíwàn, 100만 百万 bǎiwàn, 1000만 千万 qiānwàn

▸▸ 자릿수

십	백	천	만	억	조	
十	百	千	万	亿	兆	万亿
shí	bǎi	qiān	wàn	yì	zhào	wànyì

> 백 단위부터 一를 붙여서 一百 / 一千 / 一万 로 읽습니다.

> 10억 十亿 shíyì, 100억 百亿 bǎiyì, 1000억 千亿 qiānyì

● 소수, 분수, 퍼센트 ▶ TRACK 05

소수를 읽을 때는 소수점을 나타내는 '点 diǎn'을 사용하고, 분수를 읽을 때는 'A분의 B'라는 뜻으로 'A分之B A fēnzhī B'를 사용합니다. 백분율을 나타내는 퍼센트를 읽을 때는 '百分之 bǎi fēn zhī'를 사용합니다.

2.3	二点三	èr diǎn sān	1/3	三分之一	sān fēn zhī yī
0.78	零点七八	líng diǎn qī bā	3/4	四分之三	sì fēn zhī sān
5.5	五点五	wǔ diǎn wǔ	25%	百分之二十五	bǎi fēn zhī èrshíwǔ
12.34	十二点三四	shí'èr diǎn sān sì	60%	百分之六十	bǎi fēn zhī liùshí

● 배수 ▶ TRACK 06

'2배' '3배'라는 배수를 나타낼 때는 '倍 bèi'를 사용합니다. '~배가 되다'라고 표현할 때는 '翻A番 fān A fān' 이라는 표현을 사용합니다.

5배	5倍	wǔ bèi	2배가 되다	翻一番	fān yì fān
10배	10倍	shí bèi	4배가 되다	翻两番	fān liǎng fān

● 어림수 ▶ TRACK 07

어림수를 나타낼 때는 '几 jǐ' '数 shù' '左右 zuǒyòu' 등의 표현을 사용하거나, 인접한 두 수를 나열합니다.

几十万	jǐ shí wàn	수십만	两倍左右	liǎng bèi zuǒyòu	2배 정도
数百万	shù bǎi wàn	수백만	两三个	liǎng sān ge	두세 개

손으로 숫자 표현하는 방법

一 yī	二 èr	三 sān	四 sì	五 wǔ
六 liù	七 qī	八 bā	九 jiǔ	十 shí

아래 제시된 숫자를 중국어로 써 보세요.

1. 357 _____

2. 7,925 _____

3. 19,462 _____

4. 2,344,675 _____

5. 1억 5697만 _____

6. 10% 상승하다 _____

7. 86% 감소하다 _____

8. 시장 점유율 78% _____

답안
1. 三百五十七   2. 七千九百二十五   3. 一万九千四百六十二   4. 二百三十四万四千六百七十五
5. 一亿五千六百九十七万   6. 上涨百分之十   7. 减少百分之八十六   8. 市场占有率为百分之七十八

2. 양사

물건이나 사람을 셀 때 수사가 직접 명사와 결합할 수 없으며 수사와 명사 사이에 반드시 '양사'를 넣어 '수사＋양사＋명사'의 형태로 써야 합니다. '-개', '-명', '-권'처럼 사물이나 사람의 수를 세는 단위를 '양사'라고 합니다.

● **개체 양사** ▶ TRACK 08

일반적인 사물이나 사람을 셀 때 쓰는 양사입니다.

个 ge	[사용 범위가 가장 넓은 양사로, 사물이나 사람을 세는 단위]	一个手机 yí ge shǒujī 휴대폰 한 개 一个人 yí ge rén 사람 한 명
位 wèi	분 [사람을 높여 부를 때]	一位老师 yí wèi lǎoshī 선생님 한 분
件 jiàn	벌, 개 [옷이나 사건, 일을 세는 단위]	一件衣服 yí jiàn yīfu 옷 한 벌 一件事 yí jiàn shì 사건 하나
本 běn	권 [서적을 세는 단위]	一本书 yì běn shū 책 한 권
家 jiā	[가게, 기업 등을 세는 단위]	一家商店 yì jiā shāngdiàn 한 상점
只 zhī	마리 [동물을 세는 단위]	一只猫 yì zhī māo 고양이 한 마리
份(儿) fèn(r)	인분, 세트, 벌 [한 세트를 이루는 물건을 세는 단위]	一份(儿)饺子 yí fèn(r) jiǎozi 만두 1인분 一份(儿)礼物 yí fèn(r) lǐwù 선물 한 세트
辆 liàng	대 [차량을 세는 단위]	一辆汽车 yí liàng qìchē 자동차 한 대
张 zhāng	[종이, 침대, 책상 등 평평한 것을 세는 단위]	一张纸 yì zhāng zhǐ 종이 한 장 一张桌子 yì zhāng zhuōzi 테이블 하나
条 tiáo	벌 [바지, 치마, 물고기 등 얇고 긴 것을 세는 단위]	一条裤子 yì tiáo kùzi 바지 한 벌 一条河 yì tiáo hé 한 줄기 강
把 bǎ	[우산, 열쇠, 칼 등 손잡이가 있는 것을 세는 단위]	一把雨伞 yì bǎ yǔsǎn 우산 한 개 一把刀 yì bǎ dāo 칼 한 자루
元 / 块 yuán / kuài	위앤 / 콰이 [중국의 화폐 단위]	一元 yì yuán 1위앤 一块 yí kuài 1콰이

● **집합양사** ▶ TRACK 09

두 개 이상의 개체로 이루어진 사물이나 단체를 셀 때 쓰는 양사입니다.

双 shuāng	쌍, 켤레 [신발, 젓가락 등 쌍을 이루는 것을 세는 단위]	一双鞋子 yì shuāng xiézi 신발 한 켤레
套(儿) tào(r)	세트, 벌	一套(儿)衣服 yí tào(r) yīfu 옷 한 벌

길이나 무게, 넓이 등을 셀 때 쓰는 양사입니다.

▶▶ 중량

斤 jīn	근	1斤 yì jīn 한 근, 500그램
公斤 gōngjīn	킬로그램(kg)	1公斤 yì gōngjīn 1킬로그램
克 kè	그램(g)	1克 yì kè 1그램
毫克 háokè	밀리그램(mg)	1毫克 yì háokè 1밀리그램
吨 dūn	톤	1吨 yì dūn 1톤, 1000킬로그램

▶▶ 용량

升 shēng	리터(L)	1升 yì shēng 1리터
毫升 háoshēng	밀리리터(mL)	1000毫升 yìqiān háoshēng 1,000밀리리터, 1리터

▶▶ 길이

公里 gōnglǐ	킬로미터(km)	1公里 yì gōnglǐ 1킬로미터
米 mǐ	미터(m) [=公尺 gōngchǐ]	3米 sān mǐ 3미터
厘米 límǐ	센티미터(cm) [=公分 gōngfēn]	50厘米 wǔshí límǐ 50센티미터
毫米 háomǐ	밀리미터(mm)	250毫米 èrbǎi wǔshí háomǐ 250밀리미터
尺 chǐ	척, 자 [1尺=1미터의 3분의1]	10尺 shí chǐ 10척
寸 cùn	촌, 치	10寸 shí cùn 10촌 [10寸=1尺]
英寸 yīngcùn	인치	32英寸 sānshí'èr yīngcùn 32인치

▶▶ 면적

平方米 píngfāngmǐ	평방미터, 제곱미터(㎡) [=平米 píngmǐ =平方 píngfāng]	40平方米 sìshí píngfāngmǐ 40평방미터
立方米 lìfāngmǐ	세제곱미터(m³)	93立方米 jiǔshísān lìfāngmǐ 93세제곱미터
亩 mǔ	묘 [토지 면적 단위. 1亩=666.67平方米]	1千多亩 yìqiān duō mǔ 1천여 묘
公顷 gōngqǐng	헥타르(ha)	1公顷 yì gōngqǐng 1헥타르 [=10,000平方米]

● 부정양사 ▶ TRACK 11

정확하지 않은 수량을 셀 때 쓰는 양사로, 수사 '一'와 함께 씁니다.

些 xiē	[불확정한 개수를 셀 때 쓰는 단위]	一些东西 yì xiē dōngxi 약간의 물건, 어떤 것
点(儿) diǎn(r)	[불확정한 양을 셀 때 쓰는 단위]	一点心意 yì diǎn xīnyì 작은 성의
种 zhǒng	종, 종류, 가지	一种想法 yì zhǒng xiǎngfǎ 이런 생각

● 차용양사 ▶ TRACK 12

일부 명사는 양사로 차용해 쓸 수 있습니다.

杯 bēi	잔, 컵	一杯水 yì bēi shuǐ 물 한 컵
瓶 píng	병	一瓶啤酒 yì píng píjiǔ 맥주 한 병
听 tīng	캔	一听可乐 yì tīng kělè 콜라 한 캔
碗 wǎn	그릇	一碗米饭 yì wǎn mǐfàn 밥 한 그릇

Review |||||||||||||||||||||||||||||||||||||||||||||||||||||||||||||||||||||||||||||||||||||||

아래에 제시된 표현을 중국어로 써 보세요.

1. 비타민C 0.9mg _____

2. 신장 180cm _____

3. 허리 둘레 24인치 _____

4. 우유 500ml _____

5. 맥주 3캔 _____

6. 35평방미터 _____

7. 10L 휴지통 _____

8. 2인분 15세트 _____

9. 밥 5그릇 _____

10. 몸무게 54kg _____

 답안

1. 维生素C零点九毫克　　2. 身高一百八十厘米　　3. 腰围二十四英寸　　4. 牛奶五百毫升　　5. 啤酒三听
6. 三十五平方米　　7. 十升垃圾桶　　8. 两人份十五套餐　　9. 五碗米饭　　10. 体重五十四公斤

▸▸ 중국인이 좋아하는 숫자 BEST 3

8	숫자 '8(八, bā)'의 발음은 '큰돈을 벌다'라는 뜻을 가진 '发财(fācái)'의 '发(fā)'와 유사합니다. 이 때문에 숫자 '8'이 많으면 재물이 많이 들어온다고 생각하여 '8'이 네 개가 들어간 자동차 번호판이나 '8'이 많은 전화번호는 매우 비싼 가격에 거래됩니다.
6	숫자 '6(六, liù)'의 발음은 '순조롭다' '흐르다'라는 뜻을 가진 '流(liú)'의 발음과 유사하기 때문에 중국인들은 중요한 일정은 '6'으로 끝나는 날짜나 시간으로 정할 때가 많습니다.
9	숫자 '9(九, jiǔ)'의 발음은 '오래다, 오래가다' 등의 뜻을 가진 '久(jiǔ)'와 유사하여, 영원을 기약하는 결혼식의 날짜로 많이 선정합니다.

▸▸ 중국인이 싫어하는 숫자 BEST 3

3	숫자 '3(三, sān)'은 '흩어지다' '분산하다'라는 뜻을 가진 '散(sǎn)'과 발음이 유사합니다. 따라서 중국에서는 '재물이 흩어지다' '재물이 분산되다'라는 의미를 가지게 되어 숫자 '3'을 기피한다고 합니다.
4	숫자 '4(四, sì)'는 '죽다'라는 뜻의 '死(sǐ)'와 발음이 유사하다고 하여, 우리나라처럼 중국에서도 숫자 '4'를 불길하게 여깁니다.
7	우리나라에서는 행운의 숫자로 불리며 '럭키 세븐'이라 불리는 숫자 '7(七, qī)'은 발음이 '화가 나다, 화를 내다'라는 뜻의 '生气(shēngqì)'의 '气(qì)'와 발음이 유사하여 '화를 부르다'라는 의미로 통하기 때문에 중국인들이 싫어합니다.

0 3 색깔 표현 ▶ TRACK 13

라이브 방송에서 제품을 소개할 때, 해당 제품군에 어떤 색들이 있는지 유창하게 알려 주려면 색깔 표현에도 익숙해져야 합니다. 같은 초록 계열이라고 해도 실제 색상의 옅고 진한 정도에 따라 '绿色 lǜsè 초록색' '浅绿色 qiǎnlǜsè 연두색' 등으로 달리 표현해 주면 더 좋겠지요.

白色	灰色	黑色	红色	橘色	黄色
báisè	huīsè	hēisè	hóngsè	júsè	huángsè
흰색	회색	검정색	빨간색	주황색	노란색

绿色	浅绿色	热带绿色	天蓝色	蓝色	深蓝色
lǜsè	qiǎnlǜsè	rèdài lǜsè	tiānlánsè	lánsè	shēnlánsè
초록색	연두색	트로피칼녹색	하늘색	파란색	남색

紫色	粉红色	荧光紫色
zǐsè	fěnhóngsè	yíngguāng zǐsè
보라색	분홍색	형광보라색

浅	深
qiǎn	shēn
옅다	진하다

象牙色	杏色	棕色	咖啡色
xiàngyásè	xìngsè	zōngsè	kāfēisè
아이보리	베이지색	갈색	커피색

신체 표현

1. 얼굴　▶ TRACK 14

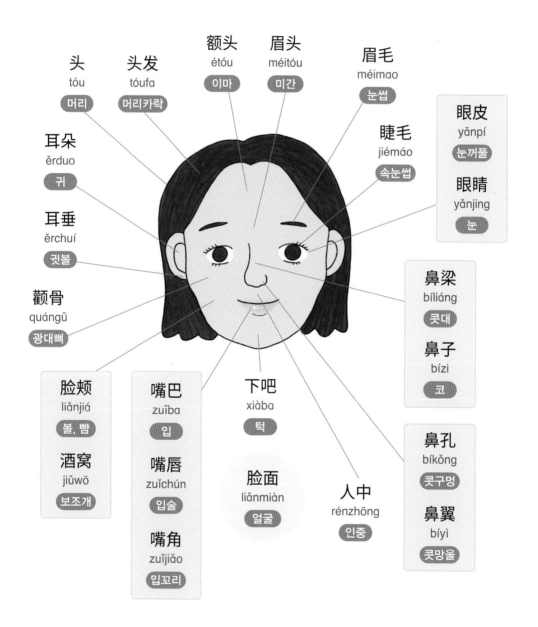

头
tóu
머리

头发
tóufa
머리카락

额头
étóu
이마

眉头
méitóu
미간

眉毛
méimao
눈썹

耳朵
ěrduo
귀

睫毛
jiémáo
속눈썹

眼皮
yǎnpí
눈꺼풀

眼睛
yǎnjing
눈

耳垂
ěrchuí
귓볼

颧骨
quángǔ
광대뼈

鼻梁
bíliáng
콧대

鼻子
bízi
코

脸颊
liǎnjiá
볼, 뺨

酒窝
jiǔwō
보조개

嘴巴
zuǐba
입

嘴唇
zuǐchún
입술

嘴角
zuǐjiǎo
입꼬리

下吧
xiàba
턱

脸面
liǎnmiàn
얼굴

人中
rénzhōng
인중

鼻孔
bíkǒng
콧구멍

鼻翼
bíyì
콧망울

▶ TRACK 15

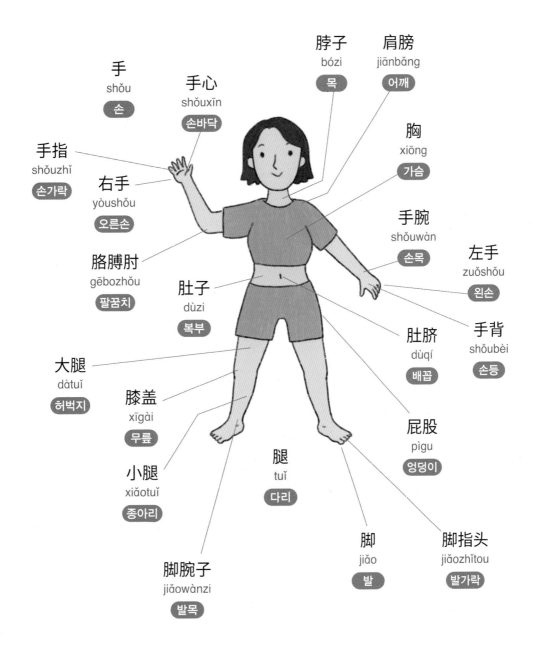

手
shǒu
손

手心
shǒuxīn
손바닥

脖子
bózi
목

肩膀
jiānbǎng
어깨

胸
xiōng
가슴

手指
shǒuzhǐ
손가락

右手
yòushǒu
오른손

胳膊肘
gēbozhǒu
팔꿈치

手腕
shǒuwàn
손목

左手
zuǒshǒu
왼손

肚子
dùzi
복부

肚脐
dùqí
배꼽

手背
shǒubèi
손등

大腿
dàtuǐ
허벅지

膝盖
xīgài
무릎

屁股
pìgu
엉덩이

小腿
xiǎotuǐ
종아리

腿
tuǐ
다리

脚
jiǎo
발

脚指头
jiǎozhǐtou
발가락

脚腕子
jiǎowànzi
발목

PART

II

주제별 단어

0 1 기초 단어

기초 화장품

TRACK 16

柔肤水 róufūshuǐ 스킨

护肤水 hùfūshuǐ 스킨

乳液 rǔyè 로션

爽肤水 shuǎngfūshuǐ 토너

精华液 jīnghuáyè 에센스

安瓶 ānpíng 앰플

乳霜 rǔshuāng 크림

保湿霜 bǎoshīshuāng 수분크림

营养霜 yíngyǎngshuāng 영양크림

眼霜 yǎnshuāng 아이크림

防晒霜 fángshàishuāng 선크림

面膜 miànmó 마스크팩

睡眠面膜 shuìmián miànmó 수면팩

水洗面膜 shuǐxǐ miànmó 워시오프팩

肥皂 féizào 비누

洗面奶 xǐmiànnǎi 클렌징폼

卸妆水 xièzhuāngshuǐ 클렌징워터

卸妆油 xièzhuāngyóu 클렌징오일

身体乳 shēntǐrǔ 바디워시

润肤露 rùnfūlù 바디로션

润手霜 rùnshǒushuāng 핸드크림

起泡网 qǐpàowǎng 거품망

化妆工具 huàzhuāng gōngjù 메이크업 도구

化妆刷 huàzhuāngshuā 메이크업 브러쉬

化妆棉 huàzhuāngmián 화장솜

海绵 hǎimián 스펀지

粉扑 fěnpū 퍼프

光彩 guāngcǎi 브라이트닝

美白 měibái 화이트닝, 미백

镇定效果 zhèndìng xiàoguǒ 진정 효과

皮肤再生 pífū zàishēng 피부 재생

皮肤损伤 pífū sǔnshāng 피부 손상

促进 cùjìn 촉진하다

有助于 yǒu zhùyú ～에 도움이 되다

适合 shìhé 적합하다, 알맞다, 어울리다

改善 gǎishàn 개선하다

干性皮肤 gānxìng pífū 건성 피부

油性皮肤 yóuxìng pífū 지성 피부

中性皮肤 zhōngxìng pífū 중성 피부

复合性皮肤 fùhéxìng pífū 복합성 피부

敏感性皮肤 mǐngǎnxìng pífū 민감성 피부

泛红 fànhóng 발그스름하다

隔离霜 gélíshuāng 메이크업 베이스

粉底 fěndǐ 파운데이션

BB霜 BB shuāng BB크림

散粉 sǎnfěn 파우더

粉饼 fěnbǐng 팩트

气垫 qìdiàn 쿠션

遮瑕膏 zhēxiágāo 컨실러

眼影 yǎnyǐng 아이섀도

眼影盘 yǎnyǐngpán 아이섀도 팔레트

眼线笔 yǎnxiànbǐ 아이라이너

眉毛 méimao 눈썹

睫毛膏 jiémáogāo 마스카라

睫毛夹 jiémáojiā 뷰러

睫毛 jiémáo 속눈썹

假睫毛 jiǎ jiémáo 인조 속눈썹

口红 kǒuhóng 립스틱

唇膏 chúngāo 립스틱

唇釉 chúnyòu 립틴트

唇彩 chúncǎi 립글로스

珠光唇膏 zhūguāng chúngāo 펄 립글로스

高光 gāoguāng 하이라이터

高光粉 gāoguāngfěn 하이라이터 [파우더 타입]

腮红 sāihóng 볼터치, 블러셔

色号 sè hào 색상 넘버, 호수

指甲油 zhǐjiǎyóu 매니큐어

封层 fēngcéng 탑코트

卸甲水 xièjiǎshuǐ 네일리무버

持久 chíjiǔ 지속하다

抹 mǒ 바르다

涂 tú 바르다

喷 pēn 뿌리다

夹 jiā (뷰러로) 집다

挤 jǐ 짜다

铺 pū 깔다, 펴다

画眉毛 huà méimao 눈썹을 그리다

画眼线 huà yǎnxiàn 아이라인을 그리다

画眼影 huà yǎnyǐng 아이섀도를 바르다

涂睫毛膏 tú jiémáogāo 마스카라를 바르다

抹口红 mǒ kǒuhóng 립스틱을 바르다

打阴影 dǎ yīnyǐng 음영을 넣다, 쉐이딩하다

涂腮红 tú sāihóng 블러셔를 바르다

上衣 shàngyī 상의

下衣 xiàyī 하의

长袖 chángxiù 긴소매

短袖 duǎnxiù 반소매, 짧은 소매

无袖 wúxiù 민소매

衬衫 chènshān 셔츠

T恤 T-xù 티셔츠

连帽衫 liánmàoshān 후드

雪纺衫 xuěfǎngshān 블라우스

毛衣 máoyī 니트, 스웨터

裤子 kùzi 바지

长裤 chángkù 긴바지

短裤 duǎnkù 반바지

裙子 qúnzi 치마, 스커트

短裙 duǎnqún 미니스커트

长裙 chángqún 롱스커트

连衣裙 liányīqún 원피스

内衣 nèiyī 속옷

睡衣 shuìyī 잠옷

家居服 jiājūfú 홈웨어

运动服 yùndòngfú 트레이닝복

西服 xīfú 정장

休闲服 xiūxiánfú 캐주얼, 평상복

工作服 gōngzuòfú 작업복

制服 zhìfú 제복, 유니폼

童装 tóngzhuāng 아동복

孕妇装 yùnfùzhuāng 임부복

游泳衣 yóuyǒngyī 수영복

比基尼泳衣 bǐjīní yǒngyī 비키니 수영복

长袖泳衣 chángxiù yǒngyī 래쉬가드

手提包 shǒutíbāo 핸드백

手抓包 shǒuzhuābāo 클러치백

手拿包 shǒunábāo 클러치백

大手提包 dà shǒutíbāo 토트백

背包 bēibāo 백팩

鞋子 xiézi 신발

长靴 chángxuē 부츠

短靴 duǎnxuē 단화

高跟鞋 gāogēnxié 하이힐

运动鞋 yùndòngxié 운동화

凉鞋 liángxié 샌들

拖鞋 tuōxié 슬리퍼

豆豆鞋 dòudòuxié 로퍼

帽子 màozi 모자

球帽 qiúmào 볼캡

围巾 wéijīn 목도리

丝巾 sījīn 스카프

项链 xiàngliàn 목걸이

戒指 jièzhi 반지

手链 shǒuliàn 팔찌

脚链 jiǎoliàn 발찌

耳环 ěrhuán 귀걸이

胸针 xiōngzhēn 브로치

穿 chuān (옷을) 입다

戴 dài (장신구를) 착용하다

脱 tuō 벗다

猪肉 zhūròu 돼지고기

牛肉 niúròu 소고기

羊肉 yángròu 양고기

鸡肉 jīròu 닭고기

鸭肉 yāròu 오리고기

鸡蛋 jīdàn 계란

豆腐 dòufu 두부

粉条 fěntiáo 당면

鱼 yú 생선

鳗鱼 mányú 장어

虾 xiā 새우

蟹 xiè 게

鱿鱼 yóuyú 오징어

蛤 gé 조개

洋葱 yángcōng 양파

葱 cōng 파

生姜 shēngjiāng 생강

大蒜 dàsuàn 마늘

青菜 qīngcài 청경채

香菜 xiāngcài 고수

韭菜 jiǔcài 부추

豆芽 dòuyá 콩나물

绿豆芽 lǜdòuyá 숙주나물

白菜 báicài 배추

卷心菜 juǎnxīncài 양배추

茄子 qiézi 가지

辣椒 làjiāo 고추

土豆 tǔdòu 감자

红薯 hóngshǔ 고구마

红萝卜 hóngluóbo 당근

南瓜 nánguā 호박

甜南瓜 tiánnánguā 단호박

玉米 yùmǐ 옥수수

蘑菇 mógu 버섯

金针菇 jīnzhēngū 팽이버섯

杏鲍菇 xìngbàogū 새송이버섯

香菇 xiānggū 표고버섯

双孢菇 shuāngbāogū 양송이버섯

调料 tiáoliào 조미료

酱油 jiàngyóu 간장

白糖 báitáng 설탕

盐 yán 소금

辣椒面 làjiāomiàn 고춧가루

辣椒酱 làjiāojiàng 고추장

蚝油 háoyóu 굴소스

豆瓣酱 dòubànjiàng 두반장

食用油 shíyòngyóu 식용유

鸡粉 jīfěn 치킨 파우더

胡椒 hújiāo 후추

面粉 miànfěn 밀가루

淀粉 diànfěn 전분, 녹말

酸 suān 시다 / 甜 tián 달다

苦 kǔ 쓰다 / 辣 là 맵다

咸 xián 짜다

淡 dàn 싱겁다, 담백하다

咸淡 xiándàn 간, 맛

调咸淡 tiáo xiándàn 간을 맞추다

常温保管 chángwēn bǎoguǎn 실온 보관

胎儿 tāi'ér 태아

婴儿 yīng'ér 영아

幼儿 yòu'ér 유아

儿童 értóng 어린이

女性 nǚxìng 여성

男性 nánxìng 남성

老人 lǎorén 노인

孕妇 yùnfù 임산부

青少年 qīngshàonián 청소년

中老年 zhōnglǎonián 중장년

眼 yǎn 눈

视力 shìlì 시력

大脑 dànǎo 대뇌

肝脏 gānzàng 간

心脏 xīnzàng 심장

心血管 xīnxuèguǎn 심혈관

子宫 zǐgōng 자궁

肠胃 chángwèi 위장

大肠 dàcháng 대장

胰脏 yízàng 췌장

软骨 ruǎngǔ 연골

关节 guānjié 관절

骨 gǔ 뼈

肩膀 jiānbǎng 어깨

疲劳 píláo 피로

体力 tǐlì 체력

补 bǔ 보충하다

预防 yùfáng 예방하다

免疫力 miǎnyìlì 면역력

加强 jiāqiáng 강화하다

吸收 xīshōu 흡수하다

专利 zhuānlì 특허

空腹 kōngfù 공복

血压 xuèyā 혈압

食用量 shǐyòngliàng 섭취량

食用方法 shǐyòng fāngfǎ 섭취 방법

贮藏方法 zhùcáng fāngfǎ 보관 방법

储存方法 chǔcún fāngfǎ 보관 방법

标志性成分 biāozhìxìng chéngfèn 대표 성분

保健功能 bǎojiàn gōngnéng 영양 기능 정보

原料 yuánliào 원료 / 辅料 fǔliào 부원료

营养 yíngyǎng 영양

含量 hánliàng 함량

无糖 wútáng 무설탕

减肥 jiǎnféi 다이어트

记忆力 jìyìlì 기억력

老化 lǎohuà 노화

美容 měiróng 미용, 용모를 아름답게 꾸미다

控制体重 kòngzhì tǐzhòng 체중을 조절하다

学习能力 xuéxí nénglì 학습 능력

负面情绪 fùmiàn qíngxù 부정적인 정서

情绪稳定 qíngxù wěndìng 정서 안정

身体发育 shēntǐ fāyù 신체 발달

新陈代謝 xīnchén dàixiè 신진대사

血液循环 xuèyè xúnhuán 혈액 순환

心肺功能 xīnfèi gōngnéng 심폐 기능

食药厅认证 shíyàotīng rènzhèng 식약처 인증

卫生许可 wèishēng xǔkě 위생 허가

가전제품

家电 jiādiàn 가전제품
电视(机) diànshì(jī) 텔레비전
冰箱 bīngxiāng 냉장고
洗衣机 xǐyījī 세탁기
空调 kōngtiáo 에어컨
电风扇 diànfēngshàn 선풍기
燃气灶 ránqìzào 가스레인지
电磁炉 diàncílú 인덕션
排油烟机 páiyóuyānjī 후드기
烤箱 kǎoxiāng 오븐
微波炉 wēibōlú 전자레인지
空气炸锅 kōngqì zhàguō 에어프라이어
电锅 diànguō 전기밥솥
搅拌器 jiǎobànqì 블렌더
榨汁机 zhàzhījī 착즙기, 쥬서기
咖啡壶 kāfēihú 커피포트
咖啡机 kāfēijī 커피 메이커
烤面包机 kǎomiànbāojī 토스터
洗碗机 xǐwǎnjī 식기세척기

除湿机 chúshījī 제습기
加湿机 jiāshījī 가습기
空气净化器 kōngqì jìnghuàqì 공기청정기
吹风机 chuīfēngjī 헤어드라이어
拉直器 lāzhíqì 고데기, 매직기
卷发器 juǎnfàqì 아이롱, 롤고데기
吸尘器 xīchénqì 청소기
干燥器 gānzàoqì 건조기
熨斗 yùndǒu 다리미
衣物护理机 yīwù hùlǐjī 의류관리기
锅炉 guōlú 보일러
热水器 rèshuǐqì 온수기
电热毯 diànrètǎn 전기담요
台灯 táidēng 스탠드 조명
电脑 diànnǎo 컴퓨터
打印机 dǎyìnjī 프린터, 인쇄기
扫描器 sǎomiáoqì 스캐너
传真机 chuánzhēnjī 팩스기

 기초 화장품

TRACK 22

脸型 liǎnxíng 얼굴형

方脸 fāngliǎn 각진 얼굴

鹅蛋脸 édànliǎn 계란형 얼굴

肌肤 jīfū 피부

毛孔 máokǒng 모공

角质 jiǎozhì 각질

黑斑 hēibān 기미

皮脂 pízhī 피지

皱纹 zhòuwén 주름

雀斑 quèbān 주근깨

痘印 dòu yìn 여드름 흉터

卧蚕 wò cán 애교살

黑眼圈 hēiyǎnquān 다크서클

低刺激 dī cìjī 저자극

不脱妆 bù tuō zhuāng 화장이 무너지지 않다, 롱 래스팅

粉痕 fěn hén 번짐, 자국

干爽 gānshuǎng 보송보송하다

妆容 zhuāngróng 메이크업

皮肤紧实 pífū jǐnshi 탱탱한 피부

陶瓷肌 táocíjī 도자기 피부

肤色不均匀 fūsè bù jūnyún 피부색이 울긋불긋하다

肤色暗哑 fūsè ànyǎ 피부색이 칙칙하다

丝质般柔滑 sīzhì bān róuhuá 실키한, 부드러운

层次感 céngcìgǎn 입체감

质地 zhìdì 제형, 텍스처

雾面 wùmiàn 매트하다, 무광이다

滋润 zīrùn 촉촉하다, 글로시하다

水光 shuǐguāng 물광

丝绒 sīróng 벨벳

提拉 tílā 끌어올리다, 리프팅

水嫩 shuǐnèn 촉촉하고 부드럽다

无面具感 wú miànjùgǎn 답답함이 없다

很贴肤 hěn tiēfū 밀착력이 좋다

皮肤紧绷 pífū jǐnbēng 피부가 당기다

补水 bǔ shuǐ 수분을 채우다

去角质 qù jiǎozhì 각질을 제거하다

抗老化 kàng lǎohuà 노화를 방지하다

弱酸 ruòsuān 약산성

弱碱 ruòjiǎn 알칼리성, 약염기성

界面活性剂 jièmiàn huóxìngjì 계면활성제

鱼胶原蛋白 yú jiāoyuán dànbái 피쉬 콜라겐

玻尿酸 bōniàosuān 히알루론산

腺苷 xiàngān 아데노신

鱼腥草 yúxīngcǎo 어성초

积雪草提取物 jīxuěcǎo tíqǔwù 병풀 추출물

茶树油 cháshùyóu 티트리 오일

芦荟 lúhuì 알로에

1. 卧蚕　　　발음 _____　　　뜻 _____

2. 低刺激　　　발음 _____　　　뜻 _____

3. 质地　　　발음 _____　　　뜻 _____

4. 水光　　　발음 _____　　　뜻 _____

5. 弱酸　　　발음 _____　　　뜻 _____

6. 모공　　　중국어 _____　　　발음 _____

7. 주름　　　중국어 _____　　　발음 _____

8. 각질　　　중국어 _____　　　발음 _____

9. 메이크업　　　중국어 _____　　　발음 _____

10. 다크서클　　　중국어 _____　　　발음 _____

 답안

1. wò cán, 애교살　　2. dī cìjī, 저자극　　3. zhìdì, 제형, 텍스처　　4. shuǐguāng, 물광　　5. ruòsuān, 약산성

6 毛孔, máokǒng　　7. 皱纹, zhòuwén　　8. 角质, jiǎozhì　　9. 妆容, zhuāngróng　　10. 黑眼圈, hēiyǎnquān

眼线膏 yǎnxiàngāo 젤 아이라이너

眼线液 yǎnxiànyè 리퀴드 아이라이너

眉笔 méibǐ 아이브로 펜슬

眉粉 méifěn 아이브로 섀도

素颜 sùyán 노 메이크업, 쌩얼, 민낯

日常妆 rìchángzhuāng 데일리 메이크업

妆前乳 zhuāngqiánrǔ 프라이머

定妆喷雾 dìngzhuāng pēnwù 메이크업 픽서

喷雾 pēnwù 미스트, 스프레이, 분무하다

防水 fángshuǐ 워터프루프

控油 kòngyóu 오일 컨트롤, 유분을 잡다

吸油纸 xīyóuzhǐ 기름종이

打底 dǎdǐ 기초를 다지다

遮盖 zhēgài 덮다, 가리다

除 chú 제거하다

不卡粉 bù qiǎ fěn 뭉침·끼임 현상 없다

浮粉 fú fěn 화장이 들뜨다

晕妆 yùnzhuāng 화장이 번지다, 무너지다

眼窝 yǎnwō 눈두덩이

眉头 méitóu 눈썹의 앞머리

眉峰 méifēng 눈썹산

眉尾 méiwěi 눈썹 꼬리

珠光 zhūguāng 펄

哑光 yǎguāng 무펄

闪光 shǎnguāng 글리터

颗粒 kēlì 입자, 알갱이

皮肤色调 pífū sèdiào 피부 톤

冷调 lěngdiào 쿨톤

暖调 nuǎndiào 웜톤

二苯甲酮 èrběnjiǎtóng 벤조페논

防腐剂 fángfǔjì 파라벤

◎ 화장품, 향수 브랜드

雅诗兰黛 Yǎshī Lándài 에스티로더 | 圣罗兰 Shèngluólán 생로랑 | 芭比布朗 Bābǐ Bùlǎng 바비브라운 | 迪奥 Dí'ào 디올 | 香奈儿 Xiāngnàiér 샤넬 | 阿玛尼 Āmǎní 아르마니 | 魅可 Mèikě 맥 | 倩碧 Qiànbì 크리니크 | 希思黎 Xīsīlí 시슬리 | 植村秀 Zhícūnxiù 슈에무라 | 娇兰 Jiāolán 겔랑 | 贝玲妃 Bèilíngfēi 베네피트 | 纳斯 Nàsī 나스 | 悦诗风吟 Yuèshīfēngyín 이니스프리 | 伊蒂之屋 Yīdìzhī Wū 에뛰드 하우스 | 雪花秀 Xuěhuāxiù 설화수 | 后 Hòu 후 | 兰芝 Lánzhī 라네즈 | 珊珂 Shānkē 센카 | 兰蔻 Lánkòu 랑콤 | 欧莱雅 Ōuláiyǎ 로레알 | 资生堂 Zīshēngtáng 시세이도 | 碧欧泉 Bì'ōuquán 비오템 | 娇韵诗 Jiāoyùnshī 클라란스 | 露华浓 Lùhuánóng 레블론 | 美宝莲 Měibǎolián 메이블린 | 安娜苏 Ānnà Sū 안나수이 | 薇姿 Wēizī 비쉬 | 伊丽沙白雅顿 Yīlìshābái Yǎdùn 엘리자베스 아든 | 雅漾 Yǎyàng 아벤느 | 祖马龙 Zǔ Mǎlóng 조말론 | 浪凡 Làngfán 랑방 | 伊索 Yīsuǒ 이솝 | 卡文克莱 Kǎwén Kèlái 캘빈 클라인 | 欧舒丹 Ōushūdān 록시땅

1. 眉笔 발음 _____ 뜻 _____

2. 日常妆 발음 _____ 뜻 _____

3. 妆前乳 발음 _____ 뜻 _____

4. 防水 발음 _____ 뜻 _____

5. 珠光 발음 _____ 뜻 _____

6. 노메이크업 중국어 _____ 발음 _____

7. 유분을 잡다 중국어 _____ 발음 _____

8. 미스트 중국어 _____ 발음 _____

9. 쿨톤 중국어 _____ 발음 _____

10. 기초를 다지다 중국어 _____ 발음 _____

답안

1. méibǐ, 아이브로 펜슬   2. rìchángzhuāng, 데일리 메이크업   3. zhuāngqiánrǔ, 프라이머
4. fángshuǐ, 워터프루프   5. zhūguāng, 펄   6. 素颜, sùyán   7. 控油, kòngyóu   8. 喷雾, pēnwù
9. 冷调, lěngdiào   10. 打底, dǎdǐ

하의

牛仔裤 niúzǎikù 청바지

宽松裤 kuānsōngkù 슬랙스

阔腿裤 kuòtuǐkù 와이드 팬츠

紧身牛仔裤 jǐnshēn niúzǎikù 스키니진

喇叭裤 lǎbakù 부츠컷 팬츠

扎脚裤 zājiǎokù 조거 팬츠

紧身裤 jǐnshēnkù 레깅스

H型 H xíng / H版 H bǎn H라인

波浪裙 bōlàngqún 플레어 스커트

百褶裙 bǎizhěqún 플리츠 스커트

针织半身裙 zhēnzhī bànshēnqún 니트 스커트

直筒休闲裤 zhítǒng xiūxiánkù 퍼티그 팬츠

泡泡袖裤子 pàopàoxiù kùzi 벌룬핏 팬츠

百慕大短裤 bǎimùdà duǎnkù 버뮤다 팬츠

상의

袖子 xiùzi 소매

衣领 yīlǐng / 领子 lǐngzi 옷깃, 칼라

船领 chuánlǐng 보트넥

U领 U lǐng U넥

露肩 lùjiān 오프숄더

겉옷, 아우터

短夹克 duǎn jiākè 숏 자켓

束腰夹克 shùyāo jiākè 블루종 자켓

双面夹克 shuāngmiàn jiākè 리버시블 자켓

便携式外套 biànxiéshì wàitào 패커블 자켓

牛津布衬衫 niújīnbù chènshān 옥스포드 셔츠

府绸衬衫 fǔchóu chènshān 포플린 셔츠

원피스, 셋트

连身衣 liánshēnyī 점프수트

사이즈, 핏

码数 mǎshù 사이즈

小号 xiǎohào 스몰(S)

中号 zhōnghào 미디엄(M)

大号 dàhào 라지(L)

加大号 jiādàhào 엑스 라지(XL)

加加大号 jiājiādàhào 투엑스라지(XXL)

宽松 kuānsōng 오버핏

贴身 tiēshēn / 修身 xiūshēn 슬림핏

合身 héshēn 레귤러핏

版型 bǎnxíng 핏, 옷태

露脐 lòuqí 크롭

短款 duǎnkuǎn 짧은 기장

패턴

条纹 tiáowén 스트라이프

格纹 géwén 체크무늬

花纹 huāwén 꽃무늬

스타일

时尚 shíshàng 유행

款式 kuǎnshì 스타일

穿法 chuānfǎ / 穿搭 chuāndā 스타일링

百搭 bǎidā 매치하기 쉬운

显白 xiǎnbái 화사해 보이다

日常装 rìchángzhuāng 데일리룩

情侣装 qínglǚzhuāng 커플룩, 시밀러룩

디테일 디자인

褶皱 zhězhòu 셔링

纽扣 niǔkòu 단추

锁链 suǒliàn 체인

蕾丝 lěisī 레이스

配色 pèisè 배색

接缝 jiēfèng 절개선, 이음매

打孔 dǎkǒng 펀칭

飞边 fēi biān 프릴

流苏 liúsū 수술, 태슬

布贴 bùtiē 와펜

拉链设计 lāliàn shèjì 지퍼 디자인

顶部缝线 dǐngbù féngxiàn 탑스티치

원단, 소재, 기능

布料 bùliào 원단

面料 miànliào 원단

棉 mián 면

皮革 pígé 가죽

牛仔布 niúzǎibù 데님

雪纺绸 xuěfǎngchóu 쉬폰

棉麻 miánmá 린넨

泡泡纱 pàopaoshā 시어서커

弹力棉 tánlì mián 스판 면

毛皮 máopí 퍼, 모피

真丝 zhēnsī 실크

缎子 duànzi 새틴

天鹅绒 tiān'éróng 벨벳

灯芯绒 dēngxīnróng 코듀로이, 코르덴

仿毛 fǎng máo 페이크 퍼

羊毛 yángmáo 울

粗花呢 cūhuāní 트위드

青年布 qīngniánbù 샴브레이

防撕裂 fáng sīliè 립스탑

吸汗 xī hàn 땀 흡수

保暖 bǎonuǎn 보온

触感 chùgǎn 촉감

天然纤维 tiānrán xiānwéi 천연 소재

合成纤维 héchéng xiānwéi 합성 소재

가방

波斯顿包 bōsīdùnbāo 보스턴 백

胸包 xiōngbāo 힙색, 슬링백

肩包 jiānbāo 숄더 백

挎包 kuàbāo 크로스 백

帆布包 fānbùbāo 캔버스백

헤어 액세서리

发夹 fàjiā 집게 핀

发卡 fàqiǎ 머리핀

发带 fàdài 헤어밴드

遮阳帽 zhēyángmào 버킷햇

巴拉克拉法帽 bālākèlāfǎ mào 바라클라바

기타 잡화

袜子 wàzi 양말

腰带 yāodài 벨트

钥匙链 yàoshiliàn 키링

手套 shǒutào 장갑

颈链 jǐngliàn 초커

耳骨夹 ěrgǔjiā 이어커프

주얼리

宝石 bǎoshí 보석
耳坠 ěrzhuì 드롭이어링
纯金 chúnjīn 순금

珍珠 zhēnzhū 진주
白金 báijīn 백금
外科用钢 wàikēyòng gāng 써지컬스틸
钻石 zuànshí 다이아몬드

◎ 패션·액세서리 브랜드

香奈儿 Xiāngnàiér 샤넬 ┃ 路易威登 Lùyìwēidēng 루이비통 ┃ 普拉达 Pǔlādá 프라다 ┃ 博柏利 Bóbǎilì 버버리 ┃ 古驰 Gǔchí 구찌 ┃ 克里斯汀迪奥 Kèlǐsītīng Dí'ào 크리스찬 디올 ┃ 圣罗兰 Shèngluólán 생로랑 ┃ 思琳 Sīlín 셀린느 ┃ 巴黎世家 Bālí Shìjiā 발렌시아가 ┃ 纪梵希 Jìfànxī 지방시 ┃ 盟可睐 Méngkělài 몽클레르 ┃ 汤丽柏琦 Tānglì Bǎiqí 토리버치 ┃ 华伦天奴 Huálúntiānnú 발렌티노 ┃ 菲拉格慕 Fēi Lāgémù 페라가모 ┃ 杜嘉班纳 Dùjiā Bānnà 돌체앤가바나 ┃ 阿迪达斯 Ādídásī 아디다스 ┃ 耐克 Nàikè 나이키 ┃ 芬迪 Fēndí 펜디 ┃ 拉尔夫劳伦 Lā'ěrfū Láolún 랄프로렌 ┃ 亚历山大麦昆 Yàlìshāndà Màikūn 알렉산더 맥퀸 ┃ 爱马仕 Àimǎshì 에르메스 ┃ 蒂芙尼 Dìfúní 티파니앤코 ┃ 潘多拉 Pānduōlā 판도라 ┃ 斯通亨奇 Sītōnghēngqí 스톤헨지 ┃ 施华洛世奇 Shīhuáluòshìqí 스와로브스키 ┃ 卡地亚 Kǎdìyà 까르띠에 ┃ 劳力士 Láolìshì 롤렉스 ┃ 欧米茄 Ōumǐjiā 오메가 ┃ 梵克雅宝 Fàn Kèyǎbǎo 반 클리프 앤 아펠 ┃ 宝格丽 Bǎogélì 불가리 ┃ 葆蝶家 Bǎodiéjiā 보테가베네타 ┃ 海瑞温斯顿 Hǎiruì Wēnsīdùn 해리 윈스턴 ┃ 格拉芙 Gélāfú 그라프 ┃ 宝诗龙 Bǎoshīlóng 부쉐론 ┃ 百达翡丽 Bǎidáfěilì 파텍필립

1. 牛仔裤 　　　발음 _____ 　　뜻 _____

2. 紧身裤 　　　발음 _____ 　　뜻 _____

3. 袖子 　　　　발음 _____ 　　뜻 _____

4. 短夹克 　　　발음 _____ 　　뜻 _____

5. 宽松 　　　　발음 _____ 　　뜻 _____

6. 스트라이프 　　중국어 _____ 　　발음 _____

7. 유행 　　　　중국어 _____ 　　발음 _____

8. 래쉬가드 　　중국어 _____ 　　발음 _____

9. 캔버스백 　　중국어 _____ 　　발음 _____

10. 다이아몬드 　중국어 _____ 　　발음 _____

답안

1. niúzǎikù, 청바지　　2. jǐnshēnkù, 레깅스　　3. xiùzi, 소매　　4. duǎn jiākè, 숏자켓　　5. kuānsōng, 오버핏

6. 条纹, tiáowén　　7. 时尚, shíshàng　　8. 长袖泳衣 chángxiù yǒngyī　　9. 帆布袋, fānbùdài

10. 钻石 zuànshí

辛奇 xīnqí 김치

水辛奇 shuǐ xīnqí 물김치

鱼虾酱 yúxiājiàng 젓갈

酱菜 jiàngcài 장아찌

海鲜汤 hǎixiāntāng 해물탕

海带汤 hǎidàitāng 미역국

大酱汤 dàjiàngtāng 된장찌개

辣豆腐锅 là dòufuguō 순두부찌개

部队汤 bùduìtāng 부대찌개

血肠汤饭 xuècháng tāngfàn 순대국밥

肥肠火锅 féicháng huǒguō 곱창 전골

凉拌菜 liángbàncài 나물 무침

煎饼 jiānbing 부침개

葱饼 cōngbǐng 파전

炸酱面 zhájiàngmiàn 짜장면

咖喱 gālí 카레

意大利面 yìdàlìmiàn 스파게티

肉排 ròupái 스테이크

肋眼牛排 lèiyǎn niúpái 립아이 스테이크

铁板鸡 tiěbǎnjī 닭갈비

拌面 bànmiàn 비빔국수

烤鳗鱼 kǎo mányú 장어구이

辣炒章鱼 là chǎozhāngyú 낙지볶음

烤鱼 kǎo yú 생선구이

烤牛肉 kǎo niúròu 불고기

调味排骨 tiáowèi páigǔ 양념 갈비

拌饭 bànfàn 비빔밥

紫菜卷饭 zǐcài juǎnfàn 김밥

辣炒年糕 là chǎo niángāo 떡볶이

鸡胸肉 jīxiōngròu 닭가슴살

沙拉 shālā 샐러드

饺子 jiǎozi 만두

海苔 hǎitái 김

饭碗 fànwǎn 밥그릇

汤碗 tāngwǎn 국그릇

盘子 pánzi 접시

筷子 kuàizi 젓가락

勺子 sháozi 숟가락

叉子 chāzi 포크

牙签 yáqiān 이쑤시개

刀 dāo 칼

锅 guō 냄비

平底锅 píngdǐguō 후라이팬

打蛋器 dǎdànqì 거품기

切块 qiē kuài 토막 내어 자르다

切丁 qiē dīng 깍둑 썰다

切片 qiē piàn 납작하게 썰다, 저미다

切丝 qiē sī 채 썰다

翻转 fānzhuǎn 뒤집다

煮 zhǔ 끓이다, 삶다

蒸 zhēng 찌다

煎 jiān 부치다

炖 dùn 푹 삶다, 고다

炒 chǎo 볶다

炸 zhá 튀기다

汆 cuān 데치다

烤 kǎo 굽다

烧 shāo 조리다

解冻 jiědòng 해동시키다	碳水化合物 tànshuǐ huàhéwù 탄수화물
蛋白质 dànbáizhì 단백질	氨基酸 ānjīsuān 아미노산
脂肪 zhīfáng 지방	膳食纤维 shànshí xiānwéi 식이섬유

Review

1. 烤牛肉 　발음 _____ 　뜻 _____

2. 平底锅 　발음 _____ 　뜻 _____

3. 脂肪 　발음 _____ 　뜻 _____

4. 氨基酸 　발음 _____ 　뜻 _____

5. 解冻 　발음 _____ 　뜻 _____

6. 순두부찌개 　중국어 _____ 　발음 _____

7. 카레 　중국어 _____ 　발음 _____

8. 비빔국수 　중국어 _____ 　발음 _____

9. 김밥 　중국어 _____ 　발음 _____

10. 김 　중국어 _____ 　발음 _____

답안

1. kǎo niúròu, 불고기　2. píngdǐguō, 후라이팬　3. zhīfáng, 지방　4. ānjīsuān, 아미노산
5. jiědòng, 해동시키다　6. 辣豆腐锅, là dòufuguō　7. 咖喱, gālí　8. 拌面, bànmiàn
9. 紫菜卷饭, zǐcài juǎnfàn　10. 海苔, hǎitái

脂溶性 zhīróngxìng 지용성

水溶性 shuǐróngxìng 수용성

废物 fèiwù 노폐물

体脂 tǐzhī 체지방

抗氧化 kàng yǎnghuà 항산화

活性物质 huóxìng wùzhì 활성화 물질

胆固醇 dǎngùchún 콜레스테롤

铁分 tiěfèn 철분

钙 gài 칼슘

锌 xīn 아연

镁 měi 마그네슘

矿物质 kuàngwùzhì 미네랄

维生素 wéishēngsù 비타민

维生素B族 wéishēngsù B zú 비타민B군

叶酸 yèsuān 엽산

益生菌 yì shēngjūn 프로바이오틱스

叶黄素 yèhuángsù 루테인

欧米伽3 ōumǐjiā sān 오메가3

葡萄糖胺 pútáotáng'àn 글루코사민

乳酸菌 rǔsuānjùn 유산균

胶原蛋白 jiāoyuán dànbái 콜라겐

蜂胶 fēngjiāo 프로폴리스

蜂王浆 fēngwángjiāng 로열젤리

维生素泡腾片 wéishēngsù pàoténgpiàn 발포 비타민

排毒 páidú 독소를 배출하다

解毒作用 jiědú zuòyòng 해독 작용

骨密度 gǔmìdù 골밀도

稳压 wěn yā 혈압을 안정시키다

强化肌肉 qiánghuà jīròu 근육을 강화시키다

降血糖 jiàng xuètáng 혈당을 낮추다

降血脂 jiàng xuèzhī 혈지를 낮추다

酸痛 suāntòng 쑤시고 아프다

酸麻 suānmá 시큰거리다

疾病 jíbìng 질환, 질병

骨质疏松症 gǔzhì shūsōngzhèng 골다공증

月经不调 yuèjīng bù tiáo 생리 불순

消化不良 xiāohuà bùliáng 소화 불량

失眠症 shīmiánzhèng 불면증

更年期 gēngniánqī 갱년기

胶囊 jiāonáng 캡슐

软胶囊 ruǎn jiāonáng 연질 캡슐

胶囊剂 jiāonángjì 캡슐제

果粒剂 guǒlìjì 과립제

含漱剂 hánshùjì 가글제

糖浆剂 tángjiāngjì 시럽제

粉剂 fěnjì 산제, 분제, 가루약

片剂 piànjì 정제

丸剂 wánjì 환제, 환약, 알약

吸入剂 xīrùjì 흡입제

凝胶糖果 níngjiāo tángguǒ 젤리제

1. 抗氧化　　　　발음 _____　　　뜻 _____

2. 胆固醇　　　　발음 _____　　　뜻 _____

3. 骨密度　　　　발음 _____　　　뜻 _____

4. 更年期　　　　발음 _____　　　뜻 _____

5. 胶囊　　　　　발음 _____　　　뜻 _____

6. 쑤시고 아프다　중국어 _____　　　발음 _____

7. 골다공증　　　중국어 _____　　　발음 _____

8. 소화 불량　　　중국어 _____　　　발음 _____

9. 불면증　　　　중국어 _____　　　발음 _____

10. 해독 작용　　중국어 _____　　　발음 _____

 답안

1. kàng yǎnghuà, 항산화　　2. dǎngùchún, 콜레스테롤　　3. gǔmìdù, 골밀도　　4. gēngniánqī, 갱년기

5. jiāonáng, 캡슐　　6. 酸痛, suāntòng　　7. 骨质疏松症, gǔzhì shūsōngzhèng

8. 消化不良, xiāohuà bùliáng　　9. 失眠症, shīmiánzhèng　　10. 解毒作用, jiědú zuòyòng

无线蓝牙 wúxiàn lányá 블루투스

硬盘 yìngpán 하드디스크

移动硬盘 yídòng yìngpán 외장 하드

U盘 U pán USB

硬件 yìngjiàn 하드웨어

软件 ruǎnjiàn 소프트웨어, 앱

芯片 xīnpiàn 칩

内存 nèicún 램, 메모리

内存卡 nèicúnkǎ 메모리 카드

大小 dàxiǎo 크기

英寸 yīngcùn 인치

充电 chōngdiàn 충전하다

搭载 dāzài 탑재하다

屏幕 píngmù 스크린, 화면

触摸感 chùmōgǎn 터치감

点击 diǎnjī 클릭하다

打开 dǎkāi (전원을) 켜다, 틀다

关闭 guānbì (전원을) 끄다

鼠标 shǔbiāo 마우스

键盘 jiànpán 키보드

笔记本电脑 bǐjìběn diànnǎo 노트북

平板电脑 píngbǎn diànnǎo 태블릿 PC

智能手机 zhìnéng shǒujī 스마트폰

扬声器 yángshēngqì 스피커

耳麦 ěrmài 헤드셋

耳机 ěrjī 이어폰

遥控器 yáokòngqì 리모컨

电池 diànchí 건전지, 배터리

锂离子电池 lǐlízi diànchí 리튬 이온 전지

影像 yǐngxiàng 영상

画质 huàzhì 화질

插座 chāzuò 콘센트

插头 chātóu 플러그

电线 diànxiàn 전선

电压 diànyā 전압

开关 kāiguān 스위치

图标 túbiāo 아이콘

按钮 ànniǔ 버튼

充电器 chōngdiànqì 충전기

滤油网 lǜyóuwǎng 기름여과망

1. 无线蓝牙   발음 _____   뜻 _____

2. 内存卡   발음 _____   뜻 _____

3. 英寸   발음 _____   뜻 _____

4. 点击   발음 _____   뜻 _____

5. 扬声器   발음 _____   뜻 _____

6. 하드웨어   중국어 _____   발음 _____

7. 리모컨   중국어 _____   발음 _____

8. 화질   중국어 _____   발음 _____

9. 플러그   중국어 _____   발음 _____

10. 스위치   중국어 _____   발음 _____

답안

1. wúxiàn lányá, 블루투스   2. nèicúnkǎ, 메모리 카드   3. yīngcùn, 인치   4. diǎnjī, 클릭하다
5. yángshēngqì, 스피커   6. 硬件, yìngjiàn   7. 遥控器, yáokòngqì   8. 画质, huàzhì
9. 插头, chātóu   10. 开关, kāiguān

PART

III

실전,
라이브 커머스

#라이브커머스　　　#중국어

UNIT 01

기초 화장품

단어 복습

문장 예습

알아 두면 유익한 왕훙 정보

중국의 인플루언서, 인터넷 스타 왕훙(网红)의 중국 경제 영향력이 점점 커지고 있습니다. 그 자체로 소비자들에게 하나의 브랜드로 인식되어, 그들이 바르는 화장품, 입는 옷 브랜드, 먹는 음식 등 모든 것이 소비자들의 관심을 이끌고 있습니다. 이런 현상 때문에 최근에는 '왕훙 경제(网红经济)'라는 새로운 용어까지 등장했습니다. 이 단어는 셀럽들의 영향력과 그들에 대한 대중의 관심을 마케팅 수단으로 적극 활용하는 셀럽 경제(celeb-economy)와 비슷한 의미인데, 중국 전자상거래 시장의 급성장과 중국의 온라인 셀럽 '왕훙'의 영향력 증대가 맞물리며 생겨났습니다.

01 기초 화장품

기초 화장은 피부를 아름답게 다듬고 메이크업을 효과적으로 하기 위한 화장으로, 모든 화장의 기본이 됩니다. 기초 화장에 사용되는 기초 화장품은 일반적으로 세안부터 색조 화장품을 바르기 전 단계까지 사용되는 화장품을 뜻하는데요. 기초 화장을 중국어로는 '基础化妆 jīchǔ huàzhuāng'이라고 합니다.

😊 호감 가는 오프닝 멘트

▶ TRACK 28

大家好！我是来自韩国的XIXI。欢迎大家进来捧场。
Dàjiā hǎo! Wǒ shì láizì Hánguó de XIXI. Huānyíng dàjiā jìnlái pěngchǎng.
안녕하세요! 저는 한국에서 온 시시입니다. 제 라이브 방송에 오신 것을 환영합니다.

今晚8点到10点，我会进行直播节目，请大家多多关注我的频道，
Jīn wǎn bā diǎn dào shí diǎn, wǒ huì jìnxíng zhíbō jiémù, qǐng dàjiā duōduō guānzhù wǒ de píndào,
多多点赞和支持我哦。
duōduō diǎnzàn hé zhīchí wǒ o.
오늘 저녁 8시부터 10시까지 라이브 방송을 진행하니, 모두들 채널 팔로우 해 주시고 좋아요도 많이 눌러 주세요. 응원 부탁드려요.

捧场 pěngchǎng (직접 찾아와) 격려해 주다 | 直播节目 zhíbō jiémù 라이브 방송 | 关注 guānzhù 관심을 가지다, 구독하다, 팔로우하다 | 频道 píndào 채널 | 点赞 diǎnzàn 좋아요를 누르다

관심 집중 **소개 멘트**

▶ TRACK 29

我知道很多人都翘首等待今天的直播。

Wǒ zhīdào hěn duō rén dōu qiáoshǒu děngdài jīntiān de zhíbō.

자~, 많은 분들이 오늘 방송을 기다리셨는데요.

准备直播节目时，我们也满心期待。

Zhǔnbèi zhíbō jiémù shí, wǒmen yě mǎnxīn qīdài.

저희도 방송 준비하면서 너무 설렜습니다.

今天的直播，绝对不会辜负大家的期待。

Jīntiān de zhíbō, juéduì bú huì gūfù dàjiā de qīdài.

오늘 라이브 방송 절대 후회하지 않으실 겁니다.

翘首等待 qiáoshǒu děngdài 목을 빼고 기다리다 | 满心 mǎnxīn 진심으로, 잔뜩 | 辜负 gūfù (호의·기대·도움 등을) 저버리다

这就是A公司推出的新款营养霜。
Zhè jiù shì A gōngsī tuīchū de xīnkuǎn yíngyǎngshuāng.
이 제품이 바로 A사에서 출시한 신상 영양크림입니다.

介绍一下这款面霜的成分。
Jièshào yíxià zhè kuǎn miànshuāng de chéngfèn.
이 크림의 성분을 소개할게요.

这是一款帮助强化肌肤屏障的产品。
Zhè shì yì kuǎn bāngzhù qiánghuà jīfū píngzhàng de chǎnpǐn.
피부 장벽 강화에 도움을 주는 제품입니다.

该营养霜的成分可以有效预防皱纹。
Gāi yíngyǎngshuāng de chéngfèn kěyǐ yǒuxiào yùfáng zhòuwén.
이 영양크림 성분은 주름 방지에 효과적입니다.

使用后马上就会有清爽的感觉。
Shǐyòng hòu mǎshàng jiù huì yǒu qīngshuǎng de gǎnjué.
사용하자마자 시원한 느낌을 받으실 거예요.

仅使用1次就提亮了肤色，第二天皮肤还多了些弹性。
Jǐn shǐyòng yí cì jiù tíliàngle fūsè, dì èr tiān pífū hái duōle xiē tánxìng.
1회 사용만으로도 피부톤이 밝아지고 다음 날 탄력도 살짝 생겼어요.

这款面膜含有胶原蛋白，有助于增加肌肤弹性，效果惊人。
Zhè kuǎn miànmó hányǒu jiāoyuán dànbái, yǒu zhùyú zēngjiā jīfū tánxìng, xiàoguǒ jīngrén.
이 마스크 팩에는 콜라겐 성분이 들어 있어서 피부 탄력 강화에 좋아요. 효과가 아주 뛰어납니다.

营养霜 yíngyǎngshuāng 영양크림 | 面霜 miànshuāng 크림 | 屏障 píngzhàng 장벽 | 皱纹 zhòuwén 주름 | 清爽
qīngshuǎng 시원하다 | 提亮 tíliàng 브라이트닝 | 弹性 tánxìng 탄력성 | 面膜 miànmó 마스크 팩 | 胶原蛋白 jiāoyuán
dànbái 콜라겐

如果想改善皮肤暗沉，推荐每周做2-3次绿茶面膜。

Rúguǒ xiǎng gǎishàn pífū ànchén, tuījiàn měi zhōu zuò liǎng dào sān cì lǜchá miànmó.

칙칙한 피부를 개선하고 싶으시다면 일주일에 2~3회 녹차 팩 마스크 팩을 추천드립니다.

洁面油温和地包裹肌肤，彻底溶解清除皮肤污垢。

Jiémiànyóu wēnhé de bāoguǒ jīfū, chèdǐ róngjiě qīngchú pífū wūgòu.

클렌징 오일은 부드럽게 피부를 감싸 주면서, 피부 노폐물을 완전히 녹여 깨끗하게 제거해 줍니다.

这款防晒霜没有白浊现象和刺眼现象，不仅具有防晒功能，

Zhè kuǎn fángshàishuāng méiyǒu báizhuó xiànxiàng hé cìyǎn xiànxiàng, bùjǐn jùyǒu fángshài gōngnéng,

还能提亮肤色，因此只需涂抹该产品，即可外出。

hái néng tíliàng fūsè, yīncǐ zhǐ xū túmǒ gāi chǎnpǐn, jíkě wàichū.

이 선크림은 백탁 현상과 눈 시림이 없고, 자외선 차단은 물론이고 톤업까지 가능해서 이 제품 하나만 바르면 외출 준비 끝입니다.

如果这款面霜和家常护理皮肤仪一起使用，就无需在外做昂贵的皮肤护理。

Rúguǒ zhè kuǎn miànshuāng hé jiācháng hùlǐ pífūyí yìqǐ shǐyòng, jiù wúxū zàiwài zuò ángguì de pífū hùlǐ.

이 크림을 피부 홈케어 기기와 같이 사용하면 비싼 피부 관리 받으러 갈 필요가 없어요.

暗沉 ànchén (피부가) 칙칙하다 | 洁面油 jiémiànyóu 클렌징 오일 | 包裹 bāoguǒ 감싸다 | 溶解 róngjiě 녹다 | 污垢 wūgòu 때, 노폐물 | 防晒霜 fángshàishuāng 선크림 | 白浊 báizhuó 백탁 | 刺眼 cìyǎn 눈이 시리다 | 涂抹 túmǒ 바르다, 칠하다 | A即可B A jíkě B A하면 바로 B할 수 있다 | 家常护理 jiācháng hùlǐ 홈 케어 | 在外 zàiwài 외출하다

要想长时间保持妆容，最重要的是打好基础。

Yào xiǎng cháng shíjiān bǎochí zhuāngróng, zuì zhòngyào de shì dǎhǎo jīchǔ.

메이크업이 오랜 시간 유지되게 하려면, 기초를 탄탄하게 하는 것이 가장 중요해요.

洁面后用爽肤水整理皮肤角质，之后将营养面霜充分涂抹于整个脸部，

Jiémiàn hòu yòng shuǎngfūshuǐ zhěnglǐ pífū jiǎozhì, zhīhòu jiāng yíngyǎng miànshuāng chōngfèn túmǒ yú zhěnggè liǎnbù,

用双手轻拍肌肤，直到面霜完全吸收。

yòng shuāngshǒu qīng pāi jīfū, zhídào miànshuāng wánquán xīshōu.

세안 후 토너로 피부 결을 정리해 주시고 영양크림을 얼굴 전체에 충분히 바르고,

크림이 완전히 스며들 때까지 두 손으로 가볍게 두드려 주세요.

防晒霜必须要涂，即使在冬天也一定要涂上防晒霜。

Fángshàishuāng bìxū yào tú, jíshǐ zài dōngtiān yě yídìng yào túshàng fángshàishuāng.

선크림은 반드시 바르셔야 합니다. 겨울이라도 선크림은 꼭 발라 주셔야 해요.

最近外出时必须戴口罩，所以化妆要薄一点，这样戴口罩也不会闷。

Zuìjìn wàichū shí bìxū dài kǒuzhào, suǒyǐ huàzhuāng yào báo yìdiǎn, zhèyàng dài kǒuzhào yě bú huì mèn.

요즘에는 외출할 때 마스크가 필수이기 때문에 피부 화장을 얇게 해야 마스크를 써도 답답하지 않아요.

安瓶的营养成分会渗入真皮层，从而进行护理后让脸部散发光泽。

Ānpíng de yíngyǎng chéngfèn huì shènrù zhēnpícéng, cóng'ér jìnxíng hùlǐ hòu ràng liǎnbù sànfā guāngzé.

앰플의 영양 성분이 진피층까지 침투해서 마사지를 하고 나면 얼굴에서 광이 나요.

 -

妆容 zhuāngróng 메이크업, 화장 | 洁面 jiémiàn 세안, 클렌징 | 爽肤水 shuǎngfūshuǐ 스킨 토너 | 角质 jiǎozhì 각질 | 轻拍 qīng pāi 토닥이다, 두드리다 | 口罩 kǒuzhào 마스크 | 薄 báo 얇다 | 闷 mēn 답답하다 | 安瓶 ānpíng 앰플 | 渗入 shènrù 침투 하다, 스며들다 | 真皮层 zhēnpícéng 진피층 | 光泽 guāngzé 광택

在基础护肤的最后阶段，将高效安瓶精华液充分涂抹于脸部和颈部，

Zài jīchǔ hùfū de zuìhòu jiēduàn, jiāng gāoxiào ānpíng jīnghuáyè chōngfèn túmǒ yú liǎnbù hé jǐngbù,

然后用高频美容仪揉搓。

ránhòu yòng gāopín měiróngyí róucuo.

기초 스킨 케어 마지막 단계에서 인텐시브 앰플을 얼굴과 목까지 충분히 바른 뒤 고주파 기기를 이용해서 문질러 주세요.

超声波热能传入至皮肤底层，赋予肌肤弹性。

Chāoshēngbō rènéng chuánrù zhì pífū dǐcéng, fùyǔ jīfū tánxìng.

초음파 열에너지를 피부 안쪽까지 전달해서 피부에 탄력을 선사합니다.

夏天比起油性大的化妆品，更适合用补水保湿的化妆品，

Xiàtiān bǐqǐ yóuxìng dà de huàzhuāngpǐn, gèng shìhé yòng bǔshuǐ bǎoshī de huàzhuāngpǐn,

所以选择了玻尿酸含量高的产品。

suǒyǐ xuǎnzéle bōniàosuān hánliàng gāo de chǎnpǐn.

여름에는 유분기가 많은 화장품보다 수분을 충전해 줄 수 있는 화장품을 사용하는 것이 좋기 때문에
히알루론산 함량이 높은 제품을 선택했어요.

含有维生素C的产品具有显著的美白和防止老化效果，

Hányǒu wéishēngsù C de chǎnpǐn jùyǒu xiǎnzhù de měibái hé fángzhǐ lǎohuà xiàoguǒ,

但在阳光下有可能会刺激到皮肤，因此建议晚上涂抹。

dàn zài yángguāng xià yǒu kěnéng huì cìjī dào pífū, yīncǐ jiànyì wǎnshang túmǒ.

비타민C가 함유된 제품은 미백과 노화 방지에 탁월한 효과가 있지만,
햇볕에 노출되면 피부에 자극을 줄 수 있으니 밤에 바르시는 것을 추천해요.

基础护肤 jīchǔ hùfū 기초 케어 | 高频 gāopín 고주파 | 揉搓 róucuo 문지르다 | 超声波 chāoshēngbō 초음파 | 油性
yóuxìng 유분기 | 保湿 bǎoshī 보습하다 | 玻尿酸 bōniàosuān 히알루론산 | 维生素 wéishēngsù 비타민

라이브 방송에서는 화장품을 직접 시연하며 제품의 장점과 특징, 정보를 소개할 수 있습니다. 메이크업 시연하며 자연스럽게 사용할 수 있는 표현들을 알아봅시다.

今天给大家介绍去黑头的方法。
Jīntiān gěi dàjiā jièshào qù hēitóu de fāngfǎ.
자, 오늘은 블랙헤드 제거하는 방법을 소개해 드릴게요.

首先，将去除黑头的部位用化妆棉或毛巾敷热，轻微打开毛孔。
Shǒuxiān, jiāng qùchú hēitóu de bùwèi yòng huàzhuāngmián huò máojīn fūrè, qīngwéi dǎkāi máokǒng.
첫 번째, 블랙헤드를 제거할 부위를 화장솜이나 타올을 따뜻하게 해서 모공을 살짝 열어 줍니다.

其次，取按压喷嘴两三次的量，涂抹后慢慢滚动。
Qícì, qǔ ànyā pēnzuǐ liǎng sān cì de liàng, túmǒ hòu mànmàn gǔndòng.
두 번째, 클렌징오일을 두세 번 펌핑해서 바른 후 천천히 롤링해 주세요.

最后，用温水彻底清洁后，涂抹冰凉的爽肤水或者敷面膜即可！
Zuìhòu, yòng wēnshuǐ chèdǐ qīngjié hòu, túmǒ bīngliáng de shuǎngfūshuǐ huòzhě fū miànmó jí kě!
세 번째, 미온수로 깔끔하게 세안 후 차가운 토너 패드나 팩을 해 주면 끝!

把爽肤水沾到化妆棉上。
Bǎ shuǎngfūshuǐ zhān dào huàzhuāngmián shang.
토너를 화장솜에 덜어 주세요.

涂抹保湿霜要足量。
Túmǒ bǎoshīshuāng yào zú liàng.
수분크림은 듬뿍 발라 주어야 해요.

黑头 hēitóu 블랙헤드 | 去除 qùchú 제거하다 | 化妆棉 huàzhuāngmián 화장솜 | 毛孔 máokǒng 모공 | 按压 ànyā 누르다, 펌핑하다 | 喷嘴 pēnzuǐ 노즐 | 滚动 gǔndòng 구르다, 회전하다 | 清洁 qīngjié 깨끗하게 하다, 깨끗하다, 청결하다 | 爽肤水 shuǎngfūshuǐ 스킨 토너 | 敷 fū 펼치다, 바르다 | 沾 zhān 젖다 | 保湿霜 bǎoshīshuāng 수분크림

请避开眼周和唇周，均匀涂抹晚霜。

Qǐng bìkāi yǎn zhōu hé chún zhōu, jūnyún túmǒ wǎnshuāng.

눈가와 입가를 피해서 나이트크림을 꼼꼼히 발라 주세요.

光彩面霜可镇静肤色，让整张脸焕发隐隐光彩，打造肌肤优雅感。

Guāngcǎi miànshuāng kě zhènjìng fūsè, ràng zhěng zhāng liǎn huànfā yǐnyǐn guāngcǎi, dǎzào jīfū yōuyǎgǎn.

광채 크림은 피부 톤을 잡아 주면서, 얼굴 전체에 은은한 광채가 나게 해서 고급진 피부 표현이 가능해요.

涂抹安瓶的一侧和没有涂抹一侧，大家能看到明显的差距吧？

Túmǒ ānpíng de yí cè hé méiyǒu túmǒ yí cè, dàjiā néng kàndào míngxiǎn de chājù ba?

앰플을 바른 쪽과 안 바른 쪽의 선명한 차이가 보이시지요?

这款产品我也是自掏腰包，提前囤下来的。

Zhè kuǎn chǎnpǐn wǒ yě shì zì tāoyāobāo, tíqián tún xiàlái de.

이 제품은 저도 사비로 구입해서 미리 쟁여 뒀어요.

趁这次打折机会，建议大家多购买几个，给周围的人送礼物，

Chèn zhè cì dǎzhé jīhuì, jiànyì dàjiā duō gòumǎi jǐ ge, gěi zhōuwéi de rén sòng lǐwù,

或者和朋友们一起使用吧。

huòzhě hé péngyoumen yìqǐ shǐyòng ba.

이번 할인 기회에 여러 개 구입하셔서 주위 분들에게 선물도 하시고 친구분들과 같이 써 보세요.

今天准备的量就剩10套了，请大家赶紧订购。

Jīntiān zhǔnbèi de liàng jiù shèng shí tào le, qǐng dàjiā gǎnjǐn dìnggòu.

오늘 준비한 물량이 이제 딱 10세트 남았어요. 주문을 서둘러 주세요.

避开 bìkāi 피하다 | 均匀 jūnyún 균등하다, 균일하다, 고르다 | 晚霜 wǎnshāng 나이트크림 | 镇静 zhènjìng 진정시키다 | 肤色 fūsè 피부색 | 焕发 huànfā 빛이 환하게 나타다, 빛나다 | 隐隐 yǐnyǐn 은은하다 | 光彩 guāngcǎi 광채 | 打造 dǎzào 만들다, 조성하다 | 肌肤 jīfū 피부 | 优雅 yōuyǎ 우아하다, 고급스럽다 | 掏腰包 tāo yāobāo 비용을 스스로 부담하다, 돈을 쓰다 | 囤 tún (물건·식량 등을) 쌓아 두다, 쟁이다, 사재다 | 订购 dìnggòu 주문하다

UNIT 02

색조 화장품

단어 복습

문장 예습

알아 두면 유익한 왕훙 정보

중국에는 4대 왕훙이라고 불리는 네 명의 인플루언서가 있는데요. 바로 '리자치(李佳琦)' '웨이야(微娅)' '장다이(张大奕)' '파피장(papi酱)'입니다. 그중 한 명인 리자치(李佳琦, Lǐ Jiāqí)는 화장품 가운데서도 특히 색조 화장품에 특화한 왕훙으로, 립스틱 판매로 수억 위안의 매출을 올리며 '립스틱 오빠'로 불립니다. 하룻밤에 23억 개의 립스틱을 팔아 치우며 한화 110억 원 가량의 매출을 올렸다고 하니 정말 대단하죠! 리자치는 호들갑스러운 말투로 제품을 칭찬하는 독특한 진행 방식으로 인기가 있는데, 그가 라이브 방송 때 자주 사용하는 "오마이갓" "我的妈呀(엄마야)" "买它(사 버려)" 등의 표현이 유행어가 됐을 정도로 일상에 미치는 파급력 또한 크다고 합니다. 한 화장품 매장의 평범한 직원으로 시작해 라이브 방송을 통해 중국 뷰티 업계를 주도하는 인플루언서로 성장한 그는 많은 왕훙들의 롤모델로 꼽히고 있습니다.

0 2 색조 화장품

중국어로 '색조 화장'은 '彩妆 cǎizhuāng'이라고 하는데, 안색을 밝히고 피부 톤과 피부 굴곡을 보정하고, 아이섀도, 블러셔 등으로 얼굴에 색을 임의적으로 입히는 단계에 해당합니다. 이번 단원에서는 다양한 색조 화장품들의 명칭부터, 화장하는 방법을 소개할 때 쓰는 표현들을 배워 봅시다.

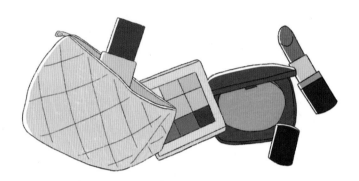

😊 호감 가는 오프닝 멘트

▶ TRACK 33

今天我要给大家介绍的产品就是XX。
Jīntiān wǒ yào gěi dàjiā jièshào de chǎnpǐn jiù shì XX.
오늘 여러분께 소개해 드릴 제품은 바로 XX입니다.

如果有不清楚的地方，可以随时发送DM或者写留言。
Rúguǒ yǒu bù qīngchu de dìfang, kěyǐ suíshí fāsòng DM huòzhě xiě liúyán.
혹시 궁금한 점이 있으시면 언제든지 DM으로 문의 주시거나 댓글을 남겨 주세요.

产品 chǎnpǐn 제품 | 随时 suíshí 수시로, 언제나, 아무 때나 | 发送DM fāsòng DM DM을 보내다 | 写留言 xiě liúyán 댓글을 남기다

给大家介绍一下，去夏季休假时适合化的珊瑚色美妆。

Gěi dàjiā jièshào yíxià, qù xiàjì xiūjià shí shìhé huà de shānhúsè měizhuāng.

여름휴가 때 활용해 보면 좋을 썸머 코랄 메이컵룩을 소개해 드릴게요.

不管是暖色调的，还是冷色调的，都适合用。

Bùguǎn shì nuǎn sèdiào de, háishi lěng sèdiào de, dōu shìhé yòng.

웜톤, 쿨톤 모두에게 잘 어울려요.

还没上市就已经登上了热搜，一上市就售空了。

Hái méi shàngshì jiù yǐjīng dēngshàngle rèsōu, yì shàngshì jiù shòukōng le.

출시 전부터 이미 실시간 검색어에 올랐다가 출시하자마자 바로 완판되었습니다.

祖马龙最新款香水系列终于上市了。

Zǔ Mǎlóng zuì xīnkuǎn xiāngshuǐ xìliè zhōngyú shàngshì le.

조말론의 최신상 향수 라인업이 드디어 출시되었습니다.

适合 shìhé 알맞다, 적절하다 | 珊瑚色 shānhúsè 코랄(coral) | 美妆 měizhuāng 메이크업 | 暖色调 nuǎn sèdiào 웜톤 | 冷色
调 lěng sèdiào 쿨톤 | 上市 shàngshì 출시되다 | 热搜 rèsōu 실시간 검색어 | 售空 shòukōng 매진되다, 완판되다

给大家介绍一下，上市后在众多博客和朋友圈上评论数爆表的我的人生单品。

Gěi dàjiā jièshào yíxià, shàngshì hòu zài zhòngduō bókè hé péngyouquān shang pínglùn shù bàobiǎo de wǒ de rénshēng dānpǐn.

출시 이후로 수많은 블로그와 모멘트에서 리뷰가 폭발했던 저의 인생템을 소개할게요.

为了打造出气质优雅的秋季妆容，我今天带来了这只口红。

Wèile dǎzào chū qìzhì yōuyǎ de qiūjì zhuāngróng, wǒ jīntiān dàiláile zhè zhǐ kǒuhóng.

우아한 분위기의 가을 메이크업을 완성하기 위해, 제가 오늘 이 립스틱을 가지고 왔어요.

这个口红有点干，但这款唇彩比较滋润。

Zhè ge kǒuhóng yǒudiǎn gān, dàn zhè kuǎn chúncǎi bǐjiào zīrùn.

이 립스틱은 조금 매트한데 이 립글로스는 좀 촉촉해요.

这款颗粒非常细腻和贴肤，可以做到或浓或淡，易于浓度调节。

Zhè kuǎn kēlì fēicháng xìnì hé tiēfū, kěyǐ zuòdào huò nóng huò dàn, yìyú nóngdù tiáojié.

입자가 상당히 곱고 밀착력이 좋아 연하게 또는 진하게 농도 조절이 쉬워요.

迪奥的气垫不但上妆轻薄干爽，遮盖力也很不错。

Dí'ào de qìdiàn búdàn shàng zhuāng qīngbó gānshuǎng, zhēgàilì yě hěn búcuò.

디올의 쿠션은 얇고 보송보송하게 발리는데, 커버력도 정말 좋아요.

众多 zhòngduō (인구나 문제 등이) 매우 많다 | 博客 bókè 블로그, 블로거 | 评论 pínglùn 평론, 리뷰 | 爆表 bàobiǎo 신기록을 세우다, 인기가 많다, 출중하다 | 气质 qìzhì 분위기, 풍격 | 口红 kǒuhóng 립스틱 | 干 gān 건조하다, 매트하다 | 唇彩 chúncǎi 립글로스 | 滋润 zīrùn 촉촉하다 | 颗粒 kēlì 입자, 알갱이 | 细腻 xìnì 곱다 | 贴肤 tiēfū 피부에 밀착되다 | 易于 yìyú ~하기 쉽다, 쉽게 ~할 수 있다 | 浓度 nóngdù 농도 | 调节 tiáojié 조절하다, 조정하다 | 气垫 qìdiàn 에어 쿠션 | 上妆 shàng zhuāng 화장하다 | 轻薄 qīngbó 가볍고 얇다 | 干爽 gānshuǎng 보송보송하다 | 遮盖 zhēgài 덮다, 가리다

它的颜色和涂抹性都与著名品牌A的眉笔相似，可价格却不到一半。

Tā de yánsè hé túmǒxìng dōu yǔ zhùmíng pǐnpái A de méibǐ xiāngsì, kě jiàgé què bú dào yíbàn.

이 제품의 색상이나 발림성이 유명한 A 브랜드의 아이브로 펜슬과 비슷한데, 가격은 절반 이하예요.

就算不画眼线，只用睫毛膏也能让眼睛明亮有神。

Jiùsuàn bú huà yǎnxiàn, zhǐ yòng jiémáogāo yě néng ràng yǎnjing míngliàng yǒu shén.

아이라인을 그리지 않고 마스카라만 해도 눈매를 또렷하고 생기 있게 만들어 줍니다.

为大家准备了黑色、灰色、棕色三种眉笔。

Wèi dàjiā zhǔnbèile hēisè、huīsè、zōngsè sān zhǒng méibǐ.

아이브로 펜슬을 블랙, 그레이, 브라운 세 가지 종류로 준비했습니다.

化妆前请先涂抹隔离霜和妆前乳，以遮盖松弛的毛孔和暗沉的肤色。

Huàzhuāng qián qǐng xiān túmǒ gélíshuāng hé zhuāngqiánrǔ, yǐ zhēgài sōngchí de máokǒng hé ànchén de fūsè.

늘어진 모공과 칙칙한 피부 톤을 커버하기 위해 피부 화장 전에 메이크업 베이스와 프라이머를 사용해 보세요.

涂抹性 túmǒxìng 발림성 | 眉笔 méibǐ 아이브로 펜슬 | 眼线 yǎnxiàn 아이라인 | 睫毛膏 jiémáogāo 마스카라 | 明亮 míngliàng 또렷하다, 분명하다 | 有神 yǒushén 생기가 있다 | 隔离霜 gélíshuāng 메이크업 베이스 | 妆前乳 zhuāngqiánrǔ 프라이머 | 松弛 sōngchí 늘어지다, 이완되다 | 暗沉 ànchén 칙칙하다, 어두침침하다

这款遮瑕膏遮盖力很强，可以遮盖黑斑、雀斑等瑕疵。

Zhè kuǎn zhēxiágāo zhēgàilì hěn qiáng, kěyǐ zhēgài hēibān、quèbān děng xiácī.

이 컨실러 제품은 기미, 주근깨같은 잡티는 다 가릴 수 있을 만큼 커버력이 좋아요.

最近不少品牌纷纷推出了新款气垫粉饼，这是其中性价比最好的产品。

Zuìjìn bù shǎo pǐnpái fēnfēn tuīchūle xīnkuǎn qìdiàn fěnbǐng, zhè shì qízhōng xìngjiàbǐ zuì hǎo de chǎnpǐn.

최근 여러 브랜드의 신상 쿠션 팩트가 쏟아져 나오고 있는데, 이 제품이 그중에 가성비가 제일 좋은 상품이에요.

嘴唇角质比较多，平时不怎么使用雾面口红，但是这款产品滋润保湿，

Zuǐchún jiǎozhì bǐjiào duō, píngshí bù zěnme shǐyòng wùmiàn kǒuhóng, dànshì zhè kuǎn chǎnpǐn zīrùn bǎoshī,

所以是我常用单品。

suǒyǐ shì wǒ chángyòng dānpǐn.

입술에 각질이 많은 편이라 평소 무광 립스틱을 잘 사용하지 않지만, 이 제품은 촉촉해서 제가 애용하는 제품이에요.

用大刷子沾取粉色腮红，在颧骨处大面积涂抹，可营造出自然红润的妆容。

Yòng dà shuāzi zhānqǔ fěnsè sāihóng, zài quán gǔ chù dà miànjī túmǒ, kě yíngzào chū zìrán hóngrùn de zhuāngróng.

핑크색 치크를 큰 브러쉬에 묻혀 광대 부분에 넓게 펴서 발라 주시면, 자연스러운 홍조가 생긴 느낌을 연출하실 수 있어요.

这款定妆液的定妆效果好，持久性强。早上喷完后，

Zhè kuǎn dìngzhuāngyè de dìngzhuāng xiàoguǒ hǎo, chíjiǔxìng qiáng. zǎoshang pēnwán hòu,

到晚上也不会脱妆和粘在口罩上。

dào wǎnshang yě bú huì tuōzhuāng hé zhān zài kǒuzhào shang.

이 픽서는 고정력이 좋고 지속력이 정말 강해요. 아침에 뿌리면 저녁까지 끄떡없고 마스크에 메이크업이 묻어나지 않아요.

遮瑕膏 zhēxiágāo 컨실러 | 遮盖力 zhēgàilì 커버력 | 黑斑 hēibān 기미 | 雀斑 quèbān 주근깨 | 瑕疵 xiácī 잡티 | 粉饼 fěnbǐng 팩트 | 性价比 xìngjiàbǐ 가성비 | 角质 jiǎozhì 각질 | 雾面 wù miàn 무광 | 保湿 bǎoshī 보습하다 | 刷子 shuāzi 브러쉬 | 腮红 sāihóng 블러 | 颧骨 quángǔ 광대뼈 | 营造 yíngzào 조성하다 | 红润 hóngrùn 볼그스름하다 | 定妆液 dìngzhuāngyè 픽서 | 喷 pēn 뿌리다, 분사하다 | 脱妆 tuōzhuāng 화장이 지워지다 | 口罩 kǒuzhào 마스크

这款产品持久性非常好，但因为是防水产品，

Zhè kuǎn chǎnpǐn chíjiǔxìng fēicháng hǎo, dàn yīnwèi shì fángshuǐ chǎnpǐn,

所以洁面时一定要使用眼唇卸妆液才行。

suǒyǐ jiémiàn shí yídìng yào shǐyòng yǎnchún xièzhuāngyè cái xíng.

이 제품은 지속력은 너무 좋은데 워터프루프 제품이라 클렌징할 때 반드시 립앤아이 리무버를 사용하셔야 합니다.

用黑色眼线笔画得浓一些，就可以打造出干练时尚的妆容。

Yòng hēisè yǎnxiànbǐ huà de nóng yìxiē, jiù kěyǐ dǎzào chū gànliàn shíshàng de zhuāngróng.

블랙 컬러 아이라이너로 힘을 주면 시크하고 모던한 메이크업을 연출할 수 있어요.

在整个眼窝涂上米色眼影后，再从眼头到眼中涂抹棕色眼影后将其晕开，

Zài zhěnggè yǎnwō túshàng mǐsè yǎnyǐng hòu, zài cóng yǎn tóu dào yǎn zhōng túmǒ zōngsè yǎnyǐng hòu jiāng qí yùnkāi,

以免产生分界线。

 yǐmiǎn chǎnshēng fēn jièxiàn.

눈두덩이 전체에 베이지 아이섀도를 바른 뒤 눈 앞머리에서 중앙까지는 브라운 아이섀도를 바르고,

경계선이 생기지 않게 잘 섞어서 발라 줍니다.

用腮红刷沾取少量轻轻涂抹在眼皮和脸颊上，

Yòng sāihóngshuā zhānqǔ shǎoliàng qīngqīng túmǒ zài yǎnpí hé liǎnjiá shang,

仅用一款产品即可打造出美丽妆容。

jǐn yòng yì kuǎn chǎnpǐn jíkě dǎzào chū měilì zhuāngróng.

치크 브러시에 살짝 묻혀서 눈두덩이와 뺨에도 살살 발라 주시면, 제품 하나로 예쁜 메이크업을 연출할 수 있어요.

在已经涂抹的地方再一层层薄涂，会逐渐变厚，所以一定要控制好量，

Zài yǐjīng túmǒ de dìfang zài yì céngcéng bó tú, huì zhújiàn biànhòu, suǒyǐ yídìng yào kòngzhì hǎo liàng,

少量叠加才行。

shǎoliàng diéjiā cái xíng.

이미 바른 부위에 더 바르면 점점 더 진해지니까, 반드시 양을 잘 조절해서, 소량으로 레이어드 해 주셔야 해요.

持久性 chíjiǔxìng 지속성 | 防水 fángshuǐ 방수하다, 워터프루프 | 洁面 jiémiàn 세안하다, 클렌징하다 | 眼唇卸妆液 yǎnchún xièzhuāngyè 립앤아이 리무버 | 眼线笔 yǎnxiànbǐ 아이라이너 | 干练 gànliàn 세련되다, 시크하다 | 眼窝 yǎnwō 눈두덩이 | 米色 mǐsè 베이지, 미색 | 眼影 yǎnyǐng 아이섀도 | 晕开 yùnkāi 번지다 | 界线 jièxiàn 경계선 | 腮红刷 sāihóngshuā 치크 브러시 | 脸颊 liǎnjiá 볼, 뺨 | 薄涂 bó tú 얇게 바르다 | 叠加 diéjiā 중첩하다

평소 메이크업에 관심이 없으신 분은 한국어로도 메이크업 관련 표현을 모르실 수 있어요. 메이크업 과정을 소개할 때 어떤 표현을 써야 자연스러운지 배워 봅시다.

把粉底挤在手背上。 손등에 메이크업 베이스를 짜 주세요.
Bǎ fěndǐ jǐ zài shǒubèi shang.

请用刷子涂抹粉底霜。 브러쉬로 파운데이션을 발라 주세요.
Qǐng yòng shuāzi túmǒ fěndǐshuāng.

先用水把粉扑打湿。 먼저 퍼프를 물에 적셔 주세요.
Xiān yòng shuǐ bǎ fěnpū dǎshī.

用粉扑拍拍吸收一下。 퍼프로 두드려서 흡수시켜 주세요.
Yòng fěnpū pāipai xīshōu yíxià.

喷一下定妆喷雾。 메이크업 픽서를 뿌려 주세요.
Pēn yíxià dìngzhuāng pēnwù.

最后，用手扇风以便完全吸收。 마지막으로, 완전히 흡수되도록 손으로 부채질해 주세요.
Zuìhòu, yòng shǒu shàn fēng yǐbiàn wánquán xīshōu.

用眉笔填补眉毛的空隙处。 아이브로 펜슬로 눈썹의 빈 곳을 채웁니다.
Yòng méibǐ tiánbǔ méimáo de kòngxì chù

这款能够画出一根一根的眉毛，不仅用起来方便，还显得自然。
Zhè kuǎn nénggòu huàchū yì gēn yì gēn de méimáo, bùjǐn yòng qǐlái fāngbiàn, hái xiǎnde zìrán.
이 제품은 눈썹을 한 올 한 올 그려 줄 수 있어서 사용하기도 편하고 (눈썹이) 자연스워 보인답니다.

粉底 fěndǐ 메이크업 베이스 | 挤 jǐ 짜다 | 手背 shǒubèi 손등 | 粉底霜 fěndǐshuāng 파운데이션 | 粉扑 fěnpū 퍼프 | 打湿 dǎshī 적시다 | 拍 pāi 두드리다 | 吸收 xīshōu 흡수하다 | 喷 pēn 뿌리다, 분사하다 | 定妆喷雾 dìngzhuāng pēnwù 메이크업 픽서 | 填补 tiánbǔ 메우다, 보충하다 | 空隙 kòngxì 틈

今天会用上眼影盘里的4个色号。　오늘은 아이섀도 팔레트의 네 가지 색상을 사용할 거예요.
Jīntiān huì yòngshàng yǎnyǐng pán li de sì ge sè hào.

用手指薄涂橘色眼影。　손가락으로 주황색 섀도를 얇게 펴서 발라 주세요.
Yòng shǒuzhǐ bó tú júsè yǎnyǐng.

铺满整个眼窝。　눈두덩이 전체에 발라 주세요.
Pūmǎn zhěnggè yǎnwō.

用手指渐变。　손가락으로 그라데이션 해 주세요.
Yòng shǒuzhǐ jiànbiàn.

接下来，画鼻子阴影。　이어서 코를 쉐딩해 줄 거예요.
Jiē xiàlái, huà bízi yīnyǐng.

根据皮肤色调选择合适的颜色。　피부톤에 따라 어울리는 색상을 선택해 주세요.
Gēnjù pífū sèdiào xuǎnzé héshì de yánsè.

使用粉色隔离霜可以遮盖黑眼圈。　핑크색 베이스를 사용하면 다크서클을 가릴 수 있어요.
Shǐyòng fěnsè gélíshuāng kěyǐ zhēgài hēi yǎnquān.

我用的气垫粉底是B产品。　쿠션 파운데이션은 B 제품을 사용했습니다.
Wǒ yòng de qìdiàn fěndǐ shì B chǎnpǐn.

将少量的粉底液涂抹于脸部，然后用粉扑轻轻拍打。
Jiāng shǎoliàng de fěndǐyè túmǒ yú liǎnbù, ránhòu yòng fěnpū qīngqīng pāidǎ.
소량의 파운데이션을 얼굴에 올리고, 퍼프를 이용해서 두드려 주세요.

眼影盘 yǎnyǐng pán 아이섀도 팔레트 | 色号 sè hào 호수, 색상 넘버 [화장품의 색상 종류] | 橘色 júsè 주황색 | 铺满 pūmǎn 전면에 깔다 | 渐变 jiànbiàn 점진적으로 변하다, 그라데이션하다 | 阴影 yīnyǐng 음영, 쉐딩 | 皮肤色调 pífū sèdiào 피부톤, 피부 색상 | 隔离霜 gélíshuāng 메이크업 베이스 | 黑眼圈 hēi yǎnquān 다크서클

UNIT 03

패션·액세서리

단어 복습

문장 예습

알아 두면 유익한 왕훙 정보

왕훙(网红)은 어떤 점에서 소비자들의 구매 욕구를 더 자극하는 걸까요? 왕훙들의 판매 방식은 기존 기업들의 판매 방식과 달리 '소통'에 특화되어 있습니다. 영향력이 커진 왕훙들은 스스로 제품을 생산하거나 독자 브랜드를 런칭하기도 합니다. 왕훙이 직접 디자인 샘플을 입고 찍은 사진을 SNS에 게시한 후, 팔로워들에게 디자인·색상·크기 등에 대한 디테일한 의견을 받아 고객의 구체적인 수요를 충족시키는 '맞춤형 제작' 상품을 제공하는 방식입니다. 물론 왕훙의 팬들은 맞춤형 제작 상품이 아니더라도, 왕훙의 안목을 믿는다는 이유로 그들이 소개하거나 착용한 물건을 구매하는 비율도 높다고 합니다. 왕훙 자체가 브랜드가 되는 현상입니다.

0 3 패션·액세서리

패션은 중국어로 '服装 fúzhuāng' 또는 '时尚 shíshàng'이라고 하고 액세서리는 '饰物 shìwù' 또는 '饰品 shìpǐn'이라고 하는데 보통은 이 두 단어를 합친 '服饰 fúshì'라는 표현을 많이 사용합니다. 이번 단원에서는 다양한 패션과 잡화, 액세서리들을 디테일하게 소개하고, 스타일링 방법을 제시하는 표현들을 알아봅시다.

😊 호감 가는 오프닝 멘트

▶ TRACK 38

在直播下方按购物车进去就可以看到详细的商品说明。
Zài zhíbō xiàfāng àn gòuwùchē jìnqù jiù kěyǐ kàndào xiángxì de shāngpǐn shuōmíng.
라이브 방송 아래쪽 장바구니를 눌러서 들어가면 자세한 상품 설명을 볼 수 있습니다.

请大家仔细看介绍视频，如果喜欢，就收藏在购物车里或立即购买。
Qǐng dàjiā zǐxì kàn jièshào shìpín, rúguǒ xǐhuan, jiù shōucáng zài gòuwùchē li huò lìjí gòumǎi.
소개 영상을 잘 보시고 마음에 드시면 장바구니에 담아 두시거나 바로 구매하시기 바랍니다.

购物车 gòuwùchē 장바구니 | 详细 xiángxì 자세하다 | 立即 lìjí 바로, 즉시, 곧

下面介绍一下C品牌的2022春夏新款。

Xiàmiàn jièshào yíxià C pǐnpái de èr líng èr èr chūnxià xīnkuǎn.

C 브랜드 2022 S/S시즌 신상을 소개해 드리겠습니다.

码数有加小码到加大码。

Mǎ shù yǒu jiā xiǎo mǎ dào jiā dà mǎ.

사이즈는 XS 사이즈부터 XL 사이즈까지 있습니다.

今天为大家准备了黑色、白色、红色三种颜色。

Jīntiān wèi dàjiā zhǔnbèile hēisè、báisè、hóngsè sān zhǒng yánsè.

오늘은 여러분을 위해 블랙·화이트·레드 세 가지 색상을 준비했어요.

码数 mǎ shù 사이즈

颜色看起来很漂亮，材质比较好。 색이 아주 예쁘고, 재질이 비교적 좋아요.
Yánsè kàn qǐlái hěn piàoliang, cáizhì bǐjiào hǎo.

这罩衫触感很柔软。 이 블라우스는 촉감이 매우 부드러워요.
Zhè zhàoshān chùgǎn hěn róuruǎn.

这种材质的面料不易起皱。 이런 소재는 주름이 잘 지지 않아요.
Zhè zhǒng cáizhì de miànliào búyì qǐ zhòu.

夏天人们喜欢穿亚麻材质的衣服。 여름에는 린넨 소재의 옷을 많이 찾게 돼요.
Xiàtiān rénmen xǐhuan chuān yàmá cáizhì de yīfu.

这面料吸汗透气。 땀이 흡수되고 통풍이 잘 되는 소재입니다.
Zhè miànliào xī hàn tòuqì.

既轻快凉爽，又透气。 가볍고 시원하면서 통풍도 잘 됩니다.
Jì qīngkuài liángshuǎng, yòu tòuqì.

内里是拉绒，既轻便又保暖。 안에 기모가 있어서 가벼우면서도 따뜻합니다.
Nèilǐ shì lāróng, jì qīngbiàn yòu bǎonuǎn.

这款衬衫有点微透。 이 셔츠는 살짝 비쳐요.
Zhè kuǎn chènshān yǒudiǎn wēi tòu.

袖口有花边。 소매에 레이스가 달려 있어요.
Xiùkǒu yǒu huābiān.

罩衫 zhàoshān 셔츠, 블라우스 | 触感 chùgǎn 촉감 | 柔软 róuruǎn 유연하고 부드럽다 | 材质 cáizhì 재질, 소재 | 面料 miànliào 옷감 | 起皱 qǐ zhòu 주름이 지다, 구김이 생기다 | 亚麻 yàmá 린넨 | 吸汗 xī hàn 땀을 흡수하다 | 透气 tòuqì 공기가 통하다 | 内里 nèilǐ 내부, 속 | 拉绒 lāróng 기모 | 轻便 qīngbiàn 가볍다, 간편하다 | 衬衫 chènshān 셔츠 | 透 tòu 비치다 | 袖口 xiùkǒu 소매 | 花边 huābiān 레이스

这款鞋穿起来非常舒服。　이 신발은 신었을 때 정말 편안해요. [=발이 편한 신발입니다.]
Zhè kuǎn xié chuān qǐlái fēicháng shūfu.

即使长时间行走，也不会觉得脚疼。　오래 걸어도 발이 아프지 않습니다.
Jíshǐ cháng shíjiān xíngzǒu, yě bú huì juéde jiǎo téng.

这款高跟鞋，穿上会显得腿长。　이 하이힐을 신으면 다리가 길어 보여요.
Zhè kuǎn gāogēnxié, chuānshàng huì xiǎnde tuǐ cháng.

包上带有流苏。　가방에 태슬이 달려 있어요.
Bāo shang dàiyǒu liúsū.

拿起水桶包，显得可爱。　버킷백을 들어서 귀여운 느낌을 연출했어요.
Náqǐ shuǐtǒngbāo, xiǎnde kě'ài.

因为包带比较厚，即使长时间背着包，肩膀也不会疼。
Yīnwèi bāo dài bǐjiào hòu, jíshǐ cháng shíjiān bèizhe bāo, jiānbǎng yě bú huì téng.
가방 끈이 비교적 두꺼워서 오래 매고 있어도 어깨가 아프지 않아요.

这款帽子搭配可爱的连衣裙就很好看。　이 모자는 귀여운 원피스에 매치하면 예뻐요.
Zhè kuǎn màozi dāpèi kě'ài de liányīqún jiù hěn hǎokàn.

在冬天，头部保暖是最重要的。　겨울에는 머리를 따뜻하게 하는 게 가장 중요해요.
Zài dōngtiān, tóu bù bǎonuǎn shì zuì zhòngyào de.

耳环会成为亮点。　귀고리가 포인트가 될 거예요.
Ěrhuán huì chéngwéi liàngdiǎn.

夏天戴金属材质的手链，会给人一种清凉的感觉。
Xiàtiān dài jīnshǔ cáizhì de shǒuliàn, huì gěi rén yì zhǒng qīngliáng de gǎnjué.
여름에는 메탈 소재의 팔찌가 시원한 느낌을 줍니다.

行走 xíngzǒu 걷다 | 脚疼 jiǎo téng 발이 아프다 | 高跟鞋 gāogēnxié 하이힐 | 流苏 liúsū 테슬 | 水桶包 shuǐtǒngbāo 버킷백 | 包带 bāo dài 가방끈 | 肩膀 jiānbǎng 어깨 | 耳环 ěrhuán 귀고리 | 亮点 liàngdiǎn 포인트 | 金属 jīnshǔ 메탈 | 手链 shǒuliàn 팔찌 | 清凉 qīngliáng 시원하다, 상쾌하다

个子高的人穿一般的连衣裙都会比较短，

Gèzi gāo de rén chuān yìbān de liányīqún dōu huì bǐjiào duǎn,

但这款反而更适合身高 1米65以上的人穿。

dàn zhè kuǎn fǎn'ér gèng shìhé shēngāo yì mǐ liù wǔ yǐshàng de rén chuān.

키가 크신 분에게는 보통 원피스가 좀 짧은데, 이 제품은 오히려 키가 165cm 이상인 분에게 더 잘 어울려요.

上衣穿得贴身，然后穿宽松的裤子，会显得腰细。

Shàngyī chuān dé tiēshēn, ránhòu chuān kuānsōng de kùzi, huì xiǎnde yāo xì.

상의를 딱 붙게 입고 넉넉한 바지를 입으면 허리가 날씬해 보이는 효과가 있어요.

这种包既可以搭配正装，也可以搭配休闲装。

Zhè zhǒng bāo jì kěyǐ dāpèi zhèngzhuāng, yě kěyǐ dāpèi xiūxiánzhuāng.

이런 가방은 정장에도 들 수 있고, 캐주얼한 옷에도 매칭할 수 있어요.

这件衣服是打算参加婚礼的时候穿的。

Zhè jiàn yīfu shì dǎsuàn cānjiā hūnlǐ de shíhou chuān de.

이 옷은 결혼식에 하객으로 참석할 때 입으려고 샀어요.

在风衣上搭配这条围巾，会让人感觉很时尚。

Zài fēngyī shang dāpèi zhè tiáo wéijīn, huì ràng rén gǎnjué hěn shíshàng.

트렌치코트에 이 스카프를 코디하면 아주 스타일리시한 느낌을 줄 수 있어요.

连衣裙 liányīqún 원피스 | 贴身 tiēshēn 몸에 꼭 붙다 | 宽松 kuānsōng 넉넉하다 | 腰细 yāo xì 허리가 날씬하다 | 搭配 dāpèi 매칭하다 | 休闲装 xiūxiánzhuāng 캐주얼 | 风衣 fēngyī 트렌치코트, 윈드재킷 | 围巾 wéijīn 스카프 | 时尚 shíshàng 스타일리시하다

这款胸针是香奈儿限量版，早已卖完了。

Zhè kuǎn xiōngzhēn shì Xiāngnàiér xiànliàngbǎn, zǎoyǐ màiwán le.

이 브로치는 샤넬의 스페셜 에디션으로 이미 완판되었습니다.

比起钻石项链，搭配粉色珍珠项链，更能营造出优雅的气质。

Bǐ qǐ zuànshí xiàngliàn, dāpèi fěnsè zhēnzhū xiàngliàn, gèng néng yíngzào chū yōuyǎ de qìzhí.

다이아몬드 목걸이보다 핑크 진주 목걸이를 매칭하는 것이 좀 더 우아한 느낌을 연출할 수 있습니다.

这款充满运动感而又不失稳重的男士腕表售价为三千万韩元。

Zhè kuǎn chōngmǎn yùndònggǎn ér yòu bù shī wěnzhòng de nánshì wànbiǎo shòujià wéi sānqiān wàn hányuán.

스포티하면서도 점잖은 느낌을 잃지 않는 이 남성 손목시계는 가격이 원화로 3천만 원입니다.

这顶宽帽檐帽子，可以阻挡90%以上的紫外线。

Zhè dǐng kuān màoyán màozi, kěyǐ zǔdǎng bǎi fēn zhī jiǔshí yǐshàng de zǐwàixiàn.

이 챙이 넓은 이 모자는 자외선을 90% 이상 차단해 줍니다.

胸针 xiōngzhēn 브로치 | 香奈儿 Xiāngnàiér 샤넬 | 限量版 xiànliàngbǎn 한정판 | 钻石 zuànshí 다이아몬드 | 珍珠 zhēnzhū 진주 | 运动感 yùndònggǎn 스포티한 느낌 | 稳重 wěnzhòng 점잖다, 중후하다 | 腕表 wànbiǎo 손목시계 | 帽檐 màoyán 모자의 챙 | 阻挡 zǔdǎng 가로막다, 저지하다 | 紫外线 zǐwàixiàn 자외선

의류, 액세서리들은 직접 착용해 보며 제품의 특징, 디자인 포인트 등을 세심하게 소개할 수 있어요. 상품과 관련지어 최신 유행 트렌드나 스타일링 팁을 소개하면 더 좋은 반응을 이끌어 낼 수 있습니다.

大家一定很好奇最近在韩国流行的穿搭方式吧？

Dàjiā yídìng hěn hàoqí zuìjìn zài Hánguó liúxíng de chuāndā fāngshì ba?

여러분, 요즘 한국에서 핫한 스타일링 방식 궁금하시죠?

它可以说是衣橱基本款。   이건 옷장의 기본 아이템이라고 할 수 있죠.

Tā kěyǐ shuō shì yīchú jīběnkuǎn.

牛仔裤很百搭。   청바지는 어디에나 매치할 수 있어요.

Niúzǎikù hěn bǎi dā.

这件适合做日常通勤装，那件适合在家当居家服穿。

Zhè jiàn shìhé zuò rìcháng tōngqínzhuāng, nà jiàn shìhé zài jiā dāng jūjiā fú chuān.

이 옷은 일상 출근룩으로 입기 좋고, 저 옷은 집에서 편하게 입기 좋아요.

仅换了个颜色，就显得更优雅和高级吧？

Jǐn huànle ge yánsè, jiù xiǎnde gèng yōuyǎ hé gāojí ba?

색깔만 바꿨는데도 훨씬 우아하고 고급스러워 보이죠?

 -

穿搭 chuāndā 스타일링 | 基本款 jīběnkuǎn 기본 아이템 | 牛仔裤 niúzǎikù 청바지 | 百搭 bǎi dā 매치하기 좋다 |
通勤装 tōngqínzhuāng 오피스룩 | 优雅 yōuyǎ 우아하다

穿长袖泳衣可以防晒。 래쉬가드를 입으면 자외선을 차단할 수 있습니다.
Chuān chángxiù yǒngyī kěyǐ fángshài.

穿这种阔腿裤显得腰细。 이런 와이드 팬츠를 입으면 허리가 날씬해 보여요.
Chuān zhè zhǒng kuòtuǐkù xiǎnde yāo xì.

穿这种颜色的上衣显肤色亮。 이런 색의 상의를 입으면 얼굴이 화사해 보여요.
Chuān zhè zhǒng yánsè de shàngyī xiǎn fūsè liàng.

如果去约会的时候穿，会让男友移不开视线的。
Rúguǒ qù yuēhuì de shíhou chuān, huì ràng nányǒu yíbukāi shìxiàn de.
데이트하러 갈 때 입으면 남자 친구가 시선을 떼지 못할 거예요.

即使是同样的红色，根据明度不同也会有所差距，
Jíshǐ shì tóngyàng de hóngsè, gēnjù míngdù bùtóng yě huì yǒu suǒ chājù,
穿这种红色更显白。
chuān zhè zhǒng hóngsè gèng xiǎn bái.
같은 빨간색이라도 명도에 따라서 차이가 있는데, 이런 빨간색을 입으면 얼굴이 더 하얗게 보여요.

长袖泳衣 chángxiù yǒngyī 래쉬가드 | 防晒 fángshài 자외선을 차단하다 | 阔腿裤 kuòtuǐkù 와이드 팬츠

UNIT 04

밀키트

단어 복습

문장 예습

알아 두면 유익한 왕홍 정보

왕홍의 수익 모델에 대해서도 알아볼까요? 첫째로, 팔로워들에게 받는 팁, 가상 선물 등이 있습니다. 대부분의 온라인 플랫폼들은 팔로워들이 왕홍에게 직접 돈이나 선물을 줄 수 있도록 '팁' 시스템을 구축하고 있습니다. 둘째로는 기업 광고비가 있습니다. 왕홍들은 기업의 유명 브랜드와 협력해 그들의 채널에 브랜드 제품을 소개하는 광고 게시물을 제작해 올리고 광고비를 받고 있다고 해요. 셋째로는 출연료 및 행사 참가비, 넷째로는 쇼핑몰 운영 수익이 있습니다. 왕홍의 수입원 중 가장 보편적인 수입원은 온라인 쇼핑몰 운영 수익이라고 합니다.

0 4 밀키트

밀키트는 중국어로 '半成品菜 bànchéngpǐn cài'라고 합니다. 맞벌이 가정들이 늘어나면서 최근 들어 간편하게 조리할 수 있는 밀키트 시장이 중국에서도 급성장하고 있습니다. 이미 조리되어 있어 데우기만 하면 되는, 혹은 바로 먹을 수 있는 레토르트나 HMR(가정간편식)과 달리, 밀키트는 소분된 식재료가 냉장 상태로 배송되어 직접 조리해 먹을 수 있는 상품입니다. 이번 단원에서는 밀키트의 구성품을 소개하고 간편함을 어필하는 표현부터 음식 조리와 관련된 표현까지 상세히 알아 봅시다.

😊 호감 가는 오프닝 멘트

▶ TRACK 43

这价格、这配置，仅限今天。
Zhè jiàgé、zhè pèizhì, jǐn xiàn jīntiān.
오늘만 특별히 이 가격과 구성으로 드립니다.

请大家多多宣传我们的频道，经常来玩儿哦。
Qǐng dàjiā duōduō xuānchuán wǒmen de píndào, jīngcháng lái wánr o.
저희 채널 주변에 많이 홍보해 주시고 자주 방문해 주세요.

配置 pèizhì 세팅, 구성, 스펙 | 宣传 xuānchuán 홍보하다

只要有这款半成品菜，不懂料理的外行也能成为酒店大厨。

Zhǐyào yǒu zhè kuǎn bànchéngpǐn cài, bù dǒng liàolǐ de wàiháng yě néng chéngwéi jiǔdiàn dà chú.

이 밀키트만 있으면 요리 똥손도 호텔 쉐프가 될 수 있습니다.

搞定做饭的难题！

Gǎodìng zuò fàn de nántí!

밥 해야 하는 고민 따위 타파!

这道菜不油腻，很清淡。

Zhè dào cài bù yóunì, hěn qīngdàn.

이 요리는 기름지지 않고 담백해요.

半成品菜 bànchéngpǐn cài 밀키트 | 外行 wàiháng 문외한, 풋내기, 비전문가 | 搞定 gǎodìng 해결하다 | 油腻 yóunì 기름지다 | 清淡 qīngdàn 담백하다

该半成品菜已经把做一顿饭需要的材料都包装好了。

Gāi bànchéngpǐn cài yǐjīng bǎ zuò yí dùn fàn xūyào de cáiliào dōu bāozhuāng hǎo le.

이 밀키트는 한 끼 조리에 필요한 재료들로 잘 포장되어 있습니다.

半成品菜料理包内含6盒独立包装，一盒四人份。

Bànchéngpǐn cài liàolǐ bāo nèi hán liù hé dúlì bāozhuāng, yì hé sì rénfèn.

밀키트 조리팩은 여섯 팩으로 개별 포장되어 있고, 한 팩은 4인분입니다.

分量很足，价格也挺实惠的，建议大家品尝品尝。

Fènliàng hěn zú, jiàgé yě tǐng shíhuì de, jiànyì dàjiā pǐncháng pǐncháng.

양도 푸짐하고, 가격도 실속 있어요. 모두들 맛보시기 바랍니다.

我经常吃，推荐一试。如果不能吃辣的，原味就好。

Wǒ jīngcháng chī, tuījiàn yí shì. Rúguǒ bù néng chī là de, yuánwèi jiù hǎo.

저는 자주 먹는데, 추천해요. 매운 것 못 드시면 오리지널 맛으로 하시는 게 좋아요.

今后无需到处寻找美食店，足不出户就能在家尽享美食。

Jīnhòu wúxū dàochù xúnzhǎo měishídiàn, zúbùchūhù jiù néng zài jiā jǐnxiǎng měishí.

이제 번거롭게 맛집 찾아갈 필요 없어요. 나가지 않으셔도 집에서 맛있는 요리를 즐기실 수 있답니다.

这款意面半成品菜不需要额外的功夫。

Zhè kuǎn yìmiàn bànchéngpǐn cài bù xūyào éwài de gōngfu.

이 스파게티 밀키트는 별도의 손질이 필요 없어요.

料理包 liàolǐ bāo 조리팩 | 内含 nèihán 담다 | 独立包装 dúlì bāozhuāng 개별 포장, 독립 포장 | 人份 rénfèn 몫, 인분 | 实惠 shíhuì 실속 있다 | 品尝 pǐncháng 맛보다 | 原味 yuánwèi 오리지널 맛, 기본 맛 | 美食店 měishídiàn 맛집 | 足不出户 zúbùchūhù 집밖으로 나가지 않다 | 尽享 jǐnxiǎng 누리다, 만끽하다 | 意面 yìmiàn 파스타, 스파게티 | 额外 éwài 별도의, 추가적인 | 功夫 gōngfu 노력, 시간

只需将材料全部倒入平底锅中，煮至自己想要的程度后放入面搅拌即可！

Zhǐ xū jiāng cáiliào quánbù dàorù píngdǐguō zhōng, zhǔ zhì zìjǐ xiǎng yào de chéngdù hòu fàngrù miàn jiǎobàn jí kě!

很简单吧？

Hěn jiǎndān ba?

재료를 몽땅 팬에 넣고 원하는 만큼 졸여 준 뒤 면을 넣고 섞어 주면 끝! 참 간단하죠?

辣炒年糕虽是简单的料理，但做到浓香却并不容易。

Là chǎo niángāo suī shì jiǎndān de liàolǐ, dàn zuòdào nóngxiāng què bìng bù róngyì.

而这款罗杰年糕吃一整天都不腻，味道既清爽又浓郁。

Ér zhè kuǎn luōjié niángāo chī yìzhěngtiān dōu bú nì, wèidao jì qīngshuǎng yòu nóngyù.

떡볶이는 간단한 요리이지만 깊은 맛을 내기가 쉽지 않죠. 하지만 이 로제 떡볶이는 하루 종일이라도 먹을 수 있을 것 같은 깔끔하면서도 깊은 맛을 느낄 수 있습니다.

为喜欢肉食的老公准备猪蹄夜宵怎么样呢？这款完全没有异味、

Wèi xǐhuan ròushí de lǎogōng zhǔnbèi zhūtí yèxiāo zěnme yàng ne? Zhè kuǎn wánquán méiyǒu yìwèi、

皮筋道，非常适合当下酒菜 。

pí jīndao, fēicháng shìhé dāngxià jiǔcài.

육식파 남편을 위한 족발 야식 어떠세요? 이 제품은 잡내도 전혀 없고 껍질이 쫄깃쫄깃한 게 술안주로 딱이에요.

大家喜欢吃肥肠火锅吧？这款半成品菜既没有腥味，蔬菜也很新鲜，

Dàjiā xǐhuan chī féicháng huǒguō ba? Zhè kuǎn bànchéngpǐn cài jì méiyǒu xīngwèi, shūcài yě hěn xīnxian,

还快速配送，请大家查看一下真实评论吧。

hái kuàisù pèisòng, qǐng dàjiā chákàn yíxià zhēnshí pínglùn ba.

곱창전골 다들 좋아하시죠? 이 제품은 냄새도 안 나고 채소도 신선한데 배송까지 빨라요! 많은 분들의 찐리뷰로 확인하세요.

这款酱蟹半成品菜既不咸也不腥，能够品尝到花蟹的鲜美原味，

Zhè kuǎn jiàngxiè bànchéngpǐn cài jì bù xián yě bù xīng, nénggòu pǐncháng dào huāxiè de xiānměi yuánwèi,

当做礼物也很受欢迎。

dàngzuò lǐwù yě hěn shòu huānyíng.

이 간장게장 밀키트는 짜지도 비리지도 않고, 싱싱한 꽃게 맛을 그대로 느낄 수 있어요. 선물용으로도 아주 인기 있어요.

平底锅 píngdǐguō 프라이팬 | 煮 zhǔ 삶다, 익히다, 끓이다 | 搅拌 jiǎobàn 휘저어 섞다, 반죽하다 | 浓香 nóngxiāng 진하다, 깊다 | 罗杰 luójié 로제 [토마토소스와 크림소스를 섞은 것] | 清爽 qīngshuǎng 깔끔하다, 시원하다 | 浓郁 nóngyù 짙다, 그윽하다 | 猪蹄 zhūtí 족발 | 夜宵 yèxiāo 야식 | 异味 yìwèi 잡내, 이상한 냄새 | 筋道 jīndao 쫄깃하다 | 肥肠 féicháng 곱창 | 火锅 huǒguō 샤브샤브, 훠궈, 전골 | 腥味 xīngwèi 비린내 | 酱蟹 jiàngxiè 간장게장 | 花蟹 huā xiè 꽃게 | 鲜美 xiānměi 맛있다

特别棒，我也已经买了好几次。性价比高，还可以吃饱。

Tèbié bàng, wǒ yě yǐjīng mǎile hǎojǐ cì. Xìngjiàbǐ gāo, hái kěyǐ chībǎo.

너무 좋죠. 저도 이미 여러 번 구매했어요. 가성비도 좋고, 배불리 먹을 수 있어요.

超级好吃的米线，口味不错呦！真的是无可挑剔，还会再来的，赞赞赞！

Chāojí hǎochī de mǐxiàn, kǒuwèi búcuò you! Zhēn de shì wúkě tiāotì, hái huì zài lái de, zàn zàn zàn!

완전 맛있는 쌀국수, 맛이 예술이에요! 정말 흠잡을 데가 없어요. 또 시킬 것 같아요. 강력 추천합니다!

冷藏保存后，可以放在常温或用微波炉解冻，之后煮一下就可以

Lěngcáng bǎocún hòu, kěyǐ fàng zài chángwēn huò yòng wēibōlú jiědòng, zhīhòu zhǔ yíxià jiù kěyǐ

轻松搞定一顿饭了。

qīngsōng gǎodìng yí dùn fàn le.

냉동 보관 후 실온에서 혹은 전자레인지로 해동한 후 끓이기만 하면 간단하게 한 끼 식사를 해결할 수 있습니다.

清淡爽口的汤用精心挑选的食材熬煮而成，增添料理的鲜味。

Qīngdàn shuǎngkǒu de tāng yòng jīngxīn tiāoxuǎn de shícái áozhǔ ér chéng, zēngtiān liàolǐ de xiānwèi.

엄선된 재료로 깊게 우려낸 시원한 국물이 음식의 감칠맛을 더합니다.

它是在安全的HACCP认证设施生产和制造的产品，您可以放心食用。

Tā shì zài ānquán de HACCP rènzhèng shèshī shēngchǎn hé zhìzào de chǎnpǐn, nín kěyǐ fàngxīn shíyòng.

이 제품은 안전한 HACCP 인증 시설에서 생산하고 제조한 제품이니 안심하고 드실 수 있습니다.

米线 mǐxiàn 쌀국수 | 无可挑剔 wúkětiāotī 나무랄 데 없다 | 赞 zàn 칭찬하다 | 冷藏 lěngcáng 냉장하다, 냉동하다 | 常温 chángwēn 상온, 실온 | 解冻 jiědòng 해동하다 | 清淡 qīngdàn (맛이) 담백하다, 기름지지 않다 | 爽口 shuǎngkǒu (맛이) 시원하다, 개운하다 | 精心 jīngxīn 공들이다, 정성을 들이다 | 挑选 tiāoxuǎn 고르다, 선택하다 | 食材 shícái 식자재, 식재료 | 熬 áo 오랫동안 끓이다 | 煮 zhǔ 삶다, 익히다, 끓이다 | 增添 zēngtiān 더하다, 늘리다, 보태다 | 认证 rènzhèng 인증, 인증하다 | 生产 shēngchǎn 생산하다 | 制造 zhìzào 제조하다

在冷藏箱中放置冰袋，精心加以包装后，保障生鲜冻货新鲜到家。

Zài lěngcángxiāng zhōng fàngzhì bīngdài, jīngxīn jiāyǐ bāozhuāng hòu, bǎozhàng shēngxiān dòng huò xīnxiān dàojiā.

아이스박스에 아이스팩을 넣어 꼼꼼히 포장하여 신선한 냉동 상태로 집까지 배송됩니다.

主食材在常温下解冻后，放入平底锅里和调料一起翻炒。

Zhǔ shícái zài chángwēn xià jiědòng hòu, fàngrù píngdǐguō li hé tiáoliào yìqǐ fānchǎo.

메인 재료는 상온에서 해동한 뒤 후라이팬에서 소스와 함께 볶아 줍니다.

因为已经冷冻过了，解冻后就不要再冷冻，最好是开封后尽快食用。

Yīnwèi yǐjīng lěngdòngguò le, jiědòng hòu jiù búyào zài lěngdòng, zuìhǎo shì kāifēng hòu jǐnkuài shíyòng.

이미 냉동된 바 있으니 해동 후 재냉동하지 마시고 개봉하시면 가급적 빨리 드시기 바랍니다.

本产品与生产蛋类、牛奶、花生、虾、西红柿、贝类等同样的制造设施生产。

Běn chǎnpǐn yǔ shēngchǎn dàn lèi, niúnǎi, huāshēng, xiā, xīhóngshì, bèi lèi děng tóngyàng de zhìzào shèshī shēngchǎn.

본 제품은 난류·우유·땅콩·새우·토마토·조개류를 사용한 제품과 같은 제조 시설에서 생산하고 있습니다.

本产品可根据消费者权益争议处理
的有关规定进行退换货。

Běn chǎnpǐn kě gēnjù xiāofèizhě quányì zhēngyì chǔlǐ de yǒuguān guīdìng jìnxíng tuìhuàn huò.

본 제품은 소비자 권익 분쟁 해결 규정에 의거하여
교환 및 반품 받으실 수 있습니다.

 冷藏箱 lěngcàngxiāng 아이스박스 | 冰袋 bīngdài 아이스팩 | 生鲜 shēngxiān 신선 제품 | 冻货 dòng huò 냉동 제품 | 主食材 zhǔ shícái 메인 재료 | 调料 tiáoliào 조미료, 양념 | 翻炒 fānchǎo 뒤섞어 볶다 | 冷冻 lěngdòng 냉동 | 开封 kāifēng 개봉하다 | 尽快 jǐnkuài 되도록 빨리 | 蛋类 dàn lèi 난류 [계란, 오리알 등] | 花生 huāshēng 땅콩 | 贝类 bèilèi 조개류 | 制造设施 zhìzào shèshī 제조 설비 | 权益 quányì 권익 | 争议处理 zhēng'yì chǔlǐ 분쟁 처리 | 退换 tuìhuàn 반품, 교환

라이브 방송에서는 밀키트를 직접 조리해 보고 맛보며 밀키트의 간편함과 구체적인 맛을 전달할 수 있습니다. 이때 자연스럽게 사용할 수 있는 표현들을 알아봅시다.

请用流水把蔬菜洗干净。 흐르는 물에 채소를 깨끗하게 씻어 주세요.
Qǐng yòng liúshuǐ bǎ shūcài xǐ gānjìng.

用热水焯一下。 끓는 물에 살짝 데쳐 줍니다.
Yòng rè shuǐ chāo yíxià.

请切成合适的大小。 적당한 크기로 썰어 주세요.
Qǐng qièchéng héshì de dàxiǎo.

把食材全部放入锅中，煮15分钟左右。
Bǎ shícái quánbù fàngrù guō zhōng, zhǔ shíwǔ fēnzhōng zuǒyòu.
재료를 모두 냄비에 담고 15분 정도 푹 끓여 주세요.

用盐调一下味道。 소금으로 간을 해 주세요.
Yòng yán tiáo yíxià wèidao.

放入一勺蚝油，味道会更鲜美。 굴소스를 한 숟가락 넣으면 맛이 더 풍부해집니다.
Fàngrù yì sháo háoyóu, wèidao huì gèng xiānměi.

蔬菜 shūcài 채소 | 干净 gānjìng 깨끗하다 | 焯 chāo (물에) 데치다 | 切成 qièchéng 잘라서 ~로 만들다 | 大小 dàxiǎo 크기 | 调味道 tiáo wèidao 간을 하다 | 一勺 yì sháo 한 숟가락 | 蚝油 háoyóu 굴소스 | 鲜美 xiānměi 맛이 좋다

在蒸锅上蒸15分钟左右。　찜기에서 15분 정도 쪄 주세요.
Zài zhēngguō shang zhēng shíwǔ fēnzhōng zuǒyòu.

用中火炒5分钟。　중간불에서 내용물을 5분간 볶아 주세요.
Yòng zhōng huǒ chǎo wǔ fēnzhōng.

把油温调到180度。　기름 온도는 180도로 맞춰 주세요.
Bǎ yóu wēn tiáodào yìbǎi bāshí dù.

先洒点水，盖上塑料后打孔，之后放入微波炉加热3分钟。
Xiān sǎ diǎn shuǐ, gàishàng sùliào hòu dǎ kǒng, zhīhòu fàngrù wēibōlú jiā rè sān fēnzhōng.
물을 살짝 뿌리고 비닐을 씌워 구멍을 뚫은 후 전자레인지에 넣어 3분간 조리하세요.

使用空气炸锅时，先预热至180度之后，再放入食材烹饪约10分钟。
Shǐyòng kōngqì zháguō shí, xiān yùrè zhì yìbǎi bāshí dù zhīhòu, zài fàngrù shícái pēngrèn yuē shí fēnzhōng.
에어프라이어 사용 시 180도로 예열 후 식재료를 넣고 약 10분간 조리하세요.

最后放一点香油和芝麻如何？看起来是不是很美味？
Zuìhòu fàng yìdiǎn xiāngyóu hé zhīma rúhé? Kàn qǐlái shì bú shì hěn měiwèi?
마지막에 참기름과 참깨만 살짝 뿌려 주니, 어때요? 먹음직스러워 보이지 않나요?

蒸锅 zhēngguō 찜통ㅣ蒸 zhēng 찌다ㅣ炒 chǎo 볶다ㅣ调 tiáo 조절하다, 맞추다ㅣ洒水 sǎshuǐ 물을 뿌리다ㅣ塑料 sùliào 비닐, 플라스틱ㅣ打孔 dǎkǒng 구멍을 내다ㅣ空气炸锅 kōngqì zháguō 에어프라이어ㅣ预热 yùrè 예열ㅣ烹饪 pēngrèn 요리하다, 조리하다

UNIT 05

건강 기능 식품

단어 복습

문장 예습

알아 두면 유익한 왕홍 정보

'버추얼 인플루언서'라는 말, 들어 보셨나요? 버추얼 인플루언서는 인공지능(AI)과 컴퓨터 그래픽을 합쳐 만든 가상의 인물을 인플루언서로 탄생시킨 것으로, 국내 첫 버추얼 인플로언서 '로지'가 대표적입니다. 전 세계적인 버추얼 인플루언서 열풍 속에 중국에서도 2021년 버추얼 인플루언서 '아야이(AYAYI)' '류예시(柳夜熙, Liǔ yèxī)'가 데뷔했습니다. 버추얼 인플루언서들은 유통 업계는 물론 금융권 등 다양한 분야에서 광고 모델로 활동하면서 수 억대의 매출을 올리고 있다고 합니다. 컴퓨터 그래픽으로 모든 장면을 연출할 수 있어 시공간의 제약을 받지 않고 자유롭게 활동할 수 있다는 점, 아프거나 늙지도 않는다는 점, 학교 폭력이나 음주 운전, 열애설 등 각종 구설에 휘말려 광고가 중단될 일이 없다는 점이 장점이라고 합니다.

0 5 건강 기능 식품

바쁜 현대인들은 건강에 특히나 관심이 많은데요. 그러다 보니 건강 기능 식품에 대한 관심이 크게 늘고 있습니다. 하지만 일반적인 건강 식품이나 질병 치료와 예방을 목적으로 하는 의약품과는 다르기 때문에 구분하여 복용해야 하고 오남용에 특히 유의해야 합니다. 이번 단원에서는 건강 기능 식품의 효능과 복용 방법을 소개하는 표현들을 배워 봅시다.

😊 호감 가는 오프닝 멘트

▶ TRACK 48

现在正在进行中秋节宣传活动，希望大家多多关注。
Xiànzài zhèngzài jìnxíng Zhōngqiūjié xuānchuán huódòng, xīwàng dàjiā duōduō guānzhù.
지금 추석 프로모션을 진행하고 있으니 많은 관심 부탁드려요.

通过我的账号上的链接购买的话，可以享受20%的折扣。
Tōngguò wǒ de zhànghào shang de liànjiē gòumǎi dehuà, kěyǐ xiǎngshòu bǎi fēn zhī èrshí de zhékòu.
제 계정의 링크를 통해 구매하시면 20% 할인을 받으실 수 있어요.

中秋节 Zhōngqiūjié 추석 | 宣传活动 xuānchuán huódòng 프로모션, 홍보 | 账号 zhànghào 계정, 계좌 | 享受 xiǎngshòu (혜택을) 받다, 누리다 | 折扣 zhékòu 할인하다

一箱是1个月的分量，一天服用2次，每次3粒。

Yì xiāng shì yí ge yuè de fènliàng, yì tiān fúyòng liǎng cì, měi cì sān lì.

한 상자에 한 달 분량이고요. 하루 두 번, 한 번에 세 알씩 복용하세요.

保质期为2023年1月1号。

Bǎozhìqī wéi èr líng èr sān nián yī yuè yī hào.

유통 기한은 2023년 1월 1일입니다.

本品不能代替药物。

Běn pǐn bù néng dàitì yàowù.

본 제품은 의약품을 대체할 수 없습니다.

保质期 bǎozhìqī 유통 기한 | 代替 dàitì 대체하다

加强免疫力。 면역력을 강화시킵니다.
Jiāqiáng miǎnyìlì.

有助于增强记忆力。 기억력 강화에 도움을 줍니다.
Yǒu zhùyú zēngqiáng jìyìlì.

减轻膝盖疼痛。 무릎 통증을 완화합니다.
Jiǎnqīng xīgài téngtòng.

有助于肠运动。 장 운동에 도움을 줍니다.
Yǒu zhùyú cháng yùndòng.

促进脂肪分解。 체지방 분해를 촉진시킵니다.
Cùjìn zhīfáng fēnjiě.

有助于儿童身体发育。 어린이 신체 발달에 도움이 됩니다.
Yǒu zhùyú értóng shēntǐ fāyù.

有助于远离负面情绪。 부정적인 정서를 없애는 데 도움을 줍니다.
Yǒu zhùyú yuǎnlí fùmiàn qíngxù.

有助于补钙强骨。 칼슘 보충과 뼈 강화에 도움을 줍니다.
Yǒu zhùyú bǔ gài qiáng gǔ.

可有效改善血液循环。 혈액 순환을 개선해 줍니다.
Kě yǒuxiào gǎishàn xuèyè xúnhuán.

可有效抑制餐食后血糖升高。 식후 혈당 상승을 억제해 줍니다.
Kě yǒuxiào yìzhì cān shí hòu xuètáng shēnggāo.

免疫力 miǎnyìlì 면역력 | 记忆力 jìyìlì 기억력 | 减轻 jiǎnqīng 완화하다, 덜다 | 膝盖 xīgài 무릎 | 促进 cùjìn 촉진하다 | 脂肪 zhīfáng 지방 | 负面情绪 fùmiàn qíngxù 부정적인 정서 | 补钙 bǔ gài 칼슘을 보충하다 | 强骨 qiáng gǔ 뼈를 강하게 하다 | 血液循环 xuèyè xúnhuán 혈액 순환 | 血糖 xuètáng 혈당

睡很久还是觉得累。　많이 자도 피곤해요.
Shuì hěn jiǔ háishi juéde lèi.

长期严重失眠症。　장기간 심한 불면증을 겪고 있어요.
Chángqī yánzhòng shīmiánzhèng.

我患有干眼症。　저는 안구건조증이 있어요.
Wǒ huàn yǒu gānyǎnzhèng.

下雨天骨头酸痛。　비가 오면 뼈마디가 쑤셔요.
Xià yǔtiān gǔtou suāntòng.

有月经不调的症状。　생리 불순이 있어요.
Yǒu yuèjīng bù tiáo de zhèngzhuàng.

肩膀痛。　어깨 통증이 있어요.
Jiānbǎng tòng.

便秘很严重。　변비가 심해요.
Biànmì hěn yánzhòng.

口臭很严重。　입 냄새가 심합니다.
Kǒuchòu hěn yánzhòng.

经常能听到耳鸣声。　귀에서 자주 이명이 들려요.
Jīngcháng néng tīngdào ěrmíng shēng.

刚发生的事情也会忘得一干二净。　방금 전에 있었던 일도 금방 잊어버려요.
Gāng fāshēng de shìqing yě huì wàng de yìgān èrjìng.

疲劳 píláo 피로하다 | 失眠症 shīmiánzhèng 불면증 | 干眼症 gānyǎnzhèng 안구건조증 | 酸痛 suāntòng 쑤시고 아프다 |
月经不调 yuèjīng bù tiáo 생리 불순 | 肩膀 jiānbǎng 어깨 | 便秘 biànmì 변비 | 口臭 kǒuchòu 입 냄새 | 耳鸣 ěrmíng 이명,
귀울음

仅靠食物不能充分摄取的营养成分要用营养剂补充。

Jǐn kào shíwù bù néng chōngfèn shèqǔ de yíngyǎng chéngfèn yào yòng yíngyǎngjì bǔchōng.

음식만으로 충분하게 섭취할 수 없는 영양분은 영양제로 보충해 줘야 해요.

如果你在考虑父母节礼物的话，推荐这款红参套装。

Rúguǒ nǐ zài kǎolǜ Fùmǔjié lǐwù dehuà, tuījiàn zhè kuǎn hóngshēn tàozhuāng.

어버이날 부모님께 드릴 선물을 고민하고 계시다면 이 홍삼 세트를 추천합니다.

这个营养剂不推荐孕妇或儿童吃。

Zhè ge yíngyǎngjì bù tuījiàn yùnfù huò értóng chī.

이 영양제는 임산부나 어린이에게 추천하지 않아요.

最近因为人们经常使用智能手机，很多人的眼球干燥症非常严重，

Zuìjìn yīnwèi rénmen jīngcháng shǐyòng zhìnéng shǒujī, hěn duō rén de yǎnqiú gānzàozhèng fēicháng yánzhòng,

吃叶黄素有助于缓解症状。

chī yèhuángsù yǒu zhùyú huǎnjiě zhèngzhuàng.

최근 사람들이 스마트폰을 늘상 사용해서 많은 분들이 안구건조증에 시달리고 계신데요, 루테인을 먹으면 증상을 완화시키는 데 도움이 됩니다.

特别是在疲劳的时候，吃这款高浓缩维生素可以快速打起精神。

Tèbié shì zài píláo de shíhou, chī zhè kuǎn gāo nóngsuō wéishēngsù kěyǐ kuàisù dǎqǐ jīngshen.

특히 피곤한 날 이 고농축 비타민을 먹으면 에너지를 빠르게 끌어올릴 수 있어요.

摄取 shèqǔ 섭취하다 | 营养成分 yíngyǎng chéngfèn 영양분 | 营养剂 yíngyǎngjì 영양제 | 红参 hóngshēn 홍삼 | 套装 tàozhuāng 세트 | 孕妇 yùnfù 임산부 | 叶黄素 yèhuángsù 루테인 | 高浓缩 gāo nóngsuō 고농축 | 打起精神 dǎqǐ jīngshen 기운을 내다

因为同时含有镁和维生素D6，可以更好地缓解疲劳。

Yīnwèi tóngshí hányǒu měi hé wéishēngsù D liù, kěyǐ gèng hǎo de huǎnjiě píláo.

마그네슘과 비타민D6가 같이 들어 있어서 피로 완화 효과가 더 좋아요.

因为有些小孩子不喜欢吃胶囊型的，所以制作成了液体型。

Yīnwèi yǒuxiē xiǎo háizi bù xǐhuan chī jiāonángxíng de, suǒyǐ zhìzuò chéngle yètǐxíng.

어린이는 캡슐형을 먹기 힘들어 하기 때문에, 액상형으로 만들었어요.

每日一片，用冷水或温开水溶解后服用。

Měi rì yí piàn, yòng lěngshuǐ huò wēn kāishuǐ róngjiě hòu fúyòng.

매일 1알, 찬물 또는 미지근한 물에 녹여서 섭취하세요.

服用治疗药物的人群食用本品时应向医生咨询。

Fúyòng zhìliáo yàowù de rénqún shíyòng běn pǐn shí yīng xiàng yīshēng zīxún.

치료 약물을 복용하고 계신 분은 본 제품 섭취 시 전문의와 상담하십시오.

适宜人群外的人群不推荐使用本产品。

Shìyí rénqún wài de rénqún bù tuījiàn shíyòng běn chǎnpǐn.

복용 대상자 이외의 분들에게는 본 제품을 권장하지 않습니다.

镁 měi 마그네슘 | 缓解 huǎnjiě 회복하다, 완화되다 | 胶囊型 jiāonángxíng 캡슐형 | 液体型 yètǐxíng 액상형 | 温开水 wēn kāishuǐ (끓여서 식힌) 미지근한 물 | 溶解 róngjiě 녹이다 | 服用 fúyòng 약을 먹다 | 咨询 zīxún 자문하다, 상의하다 | 适宜 shìyí 적합하다

건강 기능 식품을 소개할 때는 해당 제품이 어떤 증상에 효과적이고 무슨 효능이 있는지, 주의점은 무엇인지 객관적이고 구체적으로 소개하는 것이 중요합니다. 시청자들의 증상에 대해 공감하고, 해당 제품의 성분 및 함량을 정확한 용어와 수치로 소개해 보세요.

最近是不是凡事提不起精神，没有胃口和意志消沉呢？

Zuìjìn shì bu shì fánshì tíbuqǐ jīngshen, méiyǒu wèikǒu hé yìzhì xiāochén ne?

요즘 만사 의욕도 떨어지고 입맛도 없고 무기력하지 않으세요?

胶囊型和粉末状，大家更喜欢哪一种乳酸菌呢？

Jiāonángxíng hé fěnmòzhuàng, dàjiā gèng xǐhuɑn nǎ yì zhǒng rǔsuānjūn ne?

여러분은 캡슐형과 분말형 중 어느 종류의 유산균이 좋으세요?

与其他公司产品相比，含铁量高出一倍。

Yǔ qítā gōngsī chǎnpǐn xiāngbǐ, hán tiě liàng gāo chū yí bèi.

타사 제품과 비교해 봤을 때 철분 함량이 2배입니다.

坚持服用身体也会变轻盈、活力充沛。

Jiānchí fúyòng shēntǐ yě huì biàn qīngyíng、huólì chōngpèi.

꾸준히 드시면 몸도 가벼워지고 힘이 생기는 것을 느끼실 겁니다.

千万不要空腹服用。

Qiānwàn búyào kōngfù fúyòng.

절대로 공복에 복용해서는 안 됩니다.

 -

胃口 wèikǒu 식욕, 입맛 | 意志 yìzhì 의욕, 의지 | 消沉 xiāochén (의기) 소침하다, 풀이 죽다 | 粉末状 fěnmòzhuàng 가루 형태 | 乳酸菌 rǔsuānjūn 유산균 | 含量 hánliàng 함량 | 空腹 kōngfù 공복

一天三次，饭后服用。 하루 세 번, 식후에 복용하세요.
Yì tiān sān cì, fàn hòu fúyòng.

服用后，应该多喝点水。 복용 후에는 물을 충분히 마셔 주세요.
Fúyòng hòu, yīnggāi duō hē diǎn shuǐ.

密封，置阴凉干燥处存放。 밀봉 후 서늘하고 건조한 곳에 보관하세요.
Mìfēng, zhì yīnliáng gānzào chù cúnfàng.

如有过敏或头晕等异常症状，请立即停止使用，
Rú yǒu guòmǐn huò tóuyūn děng yìcháng zhèngzhuàng, qǐng lìjí tíngzhǐ shǐyòng,
并向专家医生咨询。
bìng xiàng zhuānjiā yīshēng zīxún.
알레르기나 어지러움 등 이상 증상이 나타나면 즉시 사용을 중단하고 전문의에게 문의하세요.

我爸妈也在坚持服用，效果真的很不错，我敢打包票!
Wǒ bà mā yě zài jiānchí fúyòng, xiàoguǒ zhēn de hěn búcuò, wǒ gǎn dǎ bāopiào!
저희 부모님도 꾸준히 복용하고 계시는데 정말로 효과가 좋아요. 제가 보증할게요!

饭后 fànhòu 식후 | 密封 mìfēng 밀봉하다 | 阴凉 yīnliáng 그늘지고 서늘한 곳 | 打包票 dǎ bāopiào 보증하다, 단언하다

UNIT 06

가전제품

단어 복습

문장 예습

알아 두면 유익한 왕홍 정보

인기 왕홍들은 현재 자신만의 개성을 바탕으로 다양한 콘텐츠를 만들어 온라인 플랫폼에서 팬들과 적극적으로 소통하면서 메이크업·헤어·패션 등 다양한 영역으로 사업 분야를 확장하고 있습니다. 이미지 소비를 꺼리는 연예인들과는 다르게 왕홍들은 자기 자신을 있는 그대로 드러내며 인간적이고 개성 있는 모습으로 많은 소비자들을 사로잡고 있습니다. 그래서 팬들은 자신이 좋아하는 왕홍이 추천하는 제품에 대한 신뢰도가 매우 높은 편이랍니다.

0 6 가전제품

가전제품은 주방·생활·가사 등에 이용되는 백색 가전과 TV·오디오 등 미디어 계통의 흑색 가전이 있습니다. 합리적인 소비를 추구하는 밀레니얼 세대와 Z세대가 소비의 주축으로 떠오른 요즘은 이들 MZ세대의 다양한 라이프 스타일을 겨냥한 하이엔드 가전이 인기를 끌고 있습니다. 이번 단원에서는 다양한 전자기기 사용법에 대한 표현들을 배워 봅시다.

😊 호감 가는 오프닝 멘트

▶ TRACK 53

马上就要被抢光了。
Mǎshàng jiù yào bèi qiǎngguāng le.
매진이 임박했습니다.

请大家不要错过这绝佳的机会。
Qǐng dàjiā búyào cuòguò zhè juéjiā de jīhuì.
절호의 기회를 놓치지 마세요.

抢光 qiǎngguāng 몽땅 긁어가다, 매진되다 | 绝佳 juéjiā 아주 좋다, 대단히 훌륭하다

这是最新款。

Zhè shì zuì xīn kuǎn.

가장 최근에 출시된 모델입니다.

可免费享受一年的售后服务。

Kě miǎnfèi xiǎngshòu yì nián de shòuhòu fúwù.

1년간 AS를 무상으로 받으실 수 있습니다.

今天购买笔记本，将赠送鼠标和键盘。

Jīntiān gòumǎi bǐjìběn, jiāng zèngsòng shǔbiāo hé jiànpán.

오늘 노트북을 구매하시면 마우스와 키보드를 증정해 드립니다.

 售后服务 shòuhòu fúwù 애프터서비스(AS) | 笔记本 bǐjìběn 노트북 | 鼠标 shǔbiāo 마우스 | 键盘 jiànpán 키보드

使用烘干机，下雨天洗衣服也不怕衣服潮潮的，有霉味。

Shǐyòng hōnggānjī, xià yǔtiān xǐ yīfu yě bú pà yīfu cháocháo de, yǒu méi wèi.

건조기를 이용하면 비 오는 날 빨래를 해도 옷이 꿉꿉하거나 퀴퀴한 냄새가 나지 않습니다.

如果想拥有像酒店毛巾一样柔软干净的毛巾，就强推使用烘干机。

Rúguǒ xiǎng yōngyǒu xiàng jiǔdiàn máojīn yíyàng róuruǎn gānjìng de máojīn, jiù qiáng tuī shǐyòng hōnggānjī.

호텔 수건처럼 부드럽고 깨끗한 수건을 갖고 싶다면 건조기 사용을 강력 추천합니다.

衣物护理机不仅可以去除有害物质，还具有除臭功能，

Yīwù hùlǐjī bùjǐn kěyǐ qùchú yǒuhài wùzhí, hái jùyǒu chúchòu gōngnéng,

因此只要将难以每天清洗的外衣放入其中，就能确保衣服天天如新。

yīncǐ zhǐyào jiāng nányī měi tiān qīngxǐ de wàiyī fàngrù qízhōng, jiù néng quèbǎo yīfu tiāntiān rú xīn.

의류관리기에는 유해 물질 제거는 물론 탈취 기능까지 있어서,

매일 빨기 어려운 겉옷들을 스타일러에 넣기만 하면 항상 새 옷처럼 유지할 수 있습니다.

蒸汽杀菌程序可以完全去除生活中的细菌和引发过敏的尘螨等。

Zhēngqì shājūn chéngxù kěyǐ wánquán qùchú shēnghuó zhōng de xìjūn hé yǐnfā guòmǐn de chénmǎn děng.

스팀 살균 코스는 생활 속 세균과 알레르기를 유발하는 진드기 등을 완전 제거해 줍니다.

如果家里有小孩，晚上也最好打开空气净化器。

Rúguǒ jiā li yǒu xiǎohái, wǎnshang yě zuìhǎo dǎkāi kōngqì jìnghuàqì.

아이가 있는 가정에서는 밤에도 공기청정기를 틀어 두는 게 좋습니다.

它可以快速去除屋内食物的味道，有效防止其渗透。

Tā kěyǐ kuàisù qùchú wū nèi shíwù de wèidao, yǒuxiào fángzhǐ qí shèntòu.

집 안의 음식 냄새도 금방 잡아 주어 냄새가 배지 않습니다.

烘干机 hōnggānjī 건조기 | 霉味 méi wèi 꿉꿉한 냄새 | 毛巾 máojīn 면 수건 | 柔软 róuruǎn 부드럽다 | 衣物护理机 yīwù hùlǐjī 의류관리기 | 去除 qùchú 제거하다 | 有害物质 yǒuhài wùzhì 유해 물질 | 清洗 qīngxǐ 깨끗하게 씻다 | 蒸汽杀菌 zhēngqì shājūn 스팀 살균 | 程序 chéngxù 프로그램 | 细菌 xìjūn 세균 | 过敏 guòmǐn 알레르기 | 尘螨 chénmǎn 진드기 | 空气净化器 kōngqì jìnghuàqì 공기청정기 | 渗透 shèntòu 스며들다

这款价格实惠、功能良好、轻便漂亮，不过缺点就是更换过滤器有些麻烦。

Zhè kuǎn jiàgé shíhuì, gōngnéng liánghǎo, qīngbiàn piàoliang, búguò quēdiǎn jiù shì gēnghuàn guòlǜqì yǒuxiē máfan.

이 제품은 저렴하고 기능 좋고 가볍고 예쁜데 단점은 필터 교체가 조금 귀찮아요.

可以用苹果手表操控无线蓝牙耳机，欣赏音乐非常方便。

Kěyǐ yòng píngguǒ shǒubiǎo cāokòng wúxiàn lányá ěrjī, xīnshǎng yīnyuè fēicháng fāngbiàn.

애플워치를 이용해서 무선 블루투스 이어폰을 제어할 수 있어서 음악 감상이 편리합니다.

据说，这款产品搭载了升级版芯片，电池寿命变得更长。

Jùshuō, zhè kuǎn chǎnpǐn dāzàile shēngjí bǎn xīnpiàn, diànchí shòumìng biànde gèng cháng.

이 제품에는 업그레이드된 칩이 탑재되어 배터리 수명이 더 길어졌다고 합니다.

因为有防水功能，所以就算下雨或运动时流汗也不用担心。

Yīnwèi yǒu fángshuǐ gōngnéng, suǒyǐ jiùsuàn xià yǔ huò yùndòng shí liú hàn yě búyòng dānxīn.

방수 기능이 있어서 운동할 때 땀이 흐르거나 비가 와도 걱정 없습니다.

缺点 quēdiǎn 단점 | 过滤器 guòlǜqì 필터 | 麻烦 máfan 귀찮다, 번거롭다 | 苹果手表 píngguǒ shǒubiǎo 애플워치 | 操控 cāokòng 제어하다 | 无线蓝牙耳机 wúxiàn lányá ěrjī 무선 블루투스 이어폰 | 欣赏 xīnshǎng 감상하다 | 升级 shēngjí 업그레이드 | 芯片 xīnpiàn 칩 | 寿命 shòumìng 수명 | 防水功能 fángshuǐ gōngnéng 방수 기능 | 流汗 liúhàn 땀을 흘리다

今天介绍的这款笔记本内存100GB、画面大小15英寸，还搭载了
Jīntiān jièshào de zhè kuǎn bǐjìběn nèicún yìbǎi GB、huàmiàn dàxiǎo shíwǔ yīngcùn, hái dāzàile
超高速SSD。
chāo gāosù SSD.
오늘 소개해 드리는 노트북은 메모리 100GB, 화면 크기 15인치에 초고속 SSD를 탑재한 제품입니다.

屏幕触摸感非常棒，强化玻璃不容易产生划痕。
Píngmù chùmōgǎn fēicháng bàng, qiánghuà bōli bù róngyì chǎnshēng huáhén.
화면 터치감이 매우 좋은 화면이며, 강화 유리 액정으로 쉽게 흠집이 나지 않습니다.

以标准话费为准，每月只需缴纳1万多韩元，就能享用最新款手机。
Yǐ biāozhǔn huàfèi wéi zhǔn, měi yuè zhǐ xū jiǎonà yí wàn duō hányuán, jiù néng xiǎngyòng zuì xīn kuǎn shǒujī.
표준 요금제 기준 월 납부금 1만원 대로 최신 휴대폰을 사용해 보세요.

金属感的设计，为厨房装修效果加分。
Jīnshǔgǎn de shèjì, wèi chúfáng zhuāngxiū xiàoguǒ jiā fēn.
메탈 느낌의 디자인으로 주방 인테리어 효과도 뛰어납니다.

冰箱配置了Magic Space功能，可减少40%的冷气损失，节省电费。
Bīngxiāng pèizhìle Magic Space gōngnéng, kě jiǎnshǎo bǎi fēn zhī sìshí de lěngqì sǔnshī, jiéshěng diànfèi.
냉장고에 매직 스페이스 기능이 더해져 냉기 손실을 40% 감소시켜 전기 요금을 절약할 수 있습니다.

内存 nèicún 내장 메모리 | 搭载 dāzài 탑재하다 | 超高速 chāogāosù 초고속 | 屏幕 píngmù 스크린 | 触摸感 chùmōgǎn
터치감 | 强化玻璃 qiánghuà bōli 강화 유리 | 划痕 huáhén 긁힌 흔적 | 标准话费 biāozhǔn huàfèi 표준 통화 요금 | 缴纳
jiǎonà 납부 | 金属 jīnshǔ 금속, 메탈 | 设计 shèjì 디자인 | 装修 zhuāngxiū 인테리어 | 冰箱 bīngxiāng 냉장고 | 配置 pèizhì
배치하다 | 电费 diànfèi 전기 요금

这款产品装有锂离子电池，充电后可使用长达10个小时。

Zhè kuǎn chǎnpǐn zhuāngyǒu lǐlízǐ diànchí, chōngdiàn hòu kě shǐyòng cháng dá shí ge xiǎoshí.

리튬 이온 배터리가 장착되어 충전 후 10시간까지 사용이 가능합니다.

这款产品具有烘干、抗菌、除湿功能，低温除湿可最大限度减少损伤。

Zhè kuǎn chǎnpǐn jùyǒu hōnggān、kàngjūn、chúshī gōngnéng, dīwēn chúshī kě zuìdà xiàndù jiǎnshǎo sǔnshāng.

이 제품은 건조·항균·제습 기능을 갖추고 있으며, 저온 제습을 통해 손상을 최소화합니다.

安全气囊和移动坐垫可有效锻炼腰部和盆底肌肉。

Ānquán qìnáng hé yídòng zuòdiàn kě yǒuxiào duànliàn yāobù hé péndǐ jīròu.

에어백과 무빙 방석으로 허리 골반이 운동되는 효과를 보실 수 있습니다.

超高速、超低音、大容量包装，可同时使用榨汁机和搅碎机两种功能。

Chāo gāosù、chāo dīyīn、dà róngliàng bāozhuāng, kě tóngshí shǐyòng zhàzhījī hé jiǎosuìjī liǎng zhǒng gōngnéng.

초고속·초저음·대용량 패키지로 착즙기와 분쇄기 두 가지 기능을 모두 사용할 수 있습니다.

这款产品已获正品防伪验证，设计具有高级感，而且积分双倍送。

Zhè kuǎn chǎnpǐn yǐ huò zhèngpǐn fángwěi yànzhèng, shèjì jùyǒu gāojígǎn, érqiě jīfēn shuāng bèi sòng.

이 제품은 정품 인증을 받은 제품으로, 디자인이 매우 고급스럽고 적립금도 두 배로 드려요.

锂离子电池 lǐlízǐ diànchí 리튬 이온 배터리 | 充电 chōngdiàn 충전 | 烘干 hōnggān 건조 | 抗菌 kàngjūn 항균 | 除湿 chúshī
제습 | 损伤 sǔnshāng 손상 | 安全气囊 ānquán qìnáng 에어백 | 坐垫 zuòdiàn 방석 | 腰部 yāobù 허리 | 盆底 péndǐ 골반 |
肌肉 jīròu 근육 | 榨汁机 zhàzhījī 착즙기, 주서기 | 搅碎机 jiǎosuìjī 분쇄기, 블렌더, 믹서기 | 防伪 fáng wěi 위조 방지 | 积分
jīfēn 적립금

전자기기를 직접 작동시켜 보며 기기의 편리함, 기능성을 강조해 보세요. 실생활과 밀접 관련된 제품을 소개할 때는 소비자가 경험했을 법한 에피소드를 소개하고 공감하며 소비자 공감을 이끌어 내며 제품의 특장점을 부각시키면 좋습니다.

送洗碗机给疲于家务的妈妈怎么样呢？

Sòng xǐwǎnjī gěi pí yú jiāwù de māma zěnme yàng ne?

집안일에 지친 어머니를 위해 식기세척기 선물 어떠세요?

这款洗碗机拥有高温洗涤、UV杀菌、热风烘干等功能，

Zhè kuǎn xǐwǎnjī yōngyǒu gāowēn xǐdí、UV shājūn、rèfēng hōnggān děng gōngnéng,

无需用手即可完成洗碗全过程。

wúxū yòng shǒu jíkě wánchéng xǐ wǎn quán guòchéng.

이 식기세척기는 고온 세척·UV 살균·열풍 건조 등의 기능이 있어서, 손 대지 않고 설거지를 끝낼 수 있어요.

请爸爸们为心爱的家人准备吧。

Qǐng bàbamen wèi xīn'ài de jiārén zhǔnbèi ba.

사랑하는 가족을 위해 아빠가 준비해 주세요.

搅拌机比一般榨汁机搅碎得更细腻，因此便于自制健康果汁。

Jiǎobànjī bǐ yìbān zhàzhījī jiǎosuì de gèng xìnì, yīncǐ biànyú zìzhì jiànkāng guǒzhī.

일반 믹서기 보다 주서기가 훨씬 더 곱게 갈리기 때문에 건강 주스를 만들 때 편리해요.

你是否有开煤气灶出门的经历呢？

Nǐ shìfǒu yǒu kāi méiqìzào chū mén de jīnglì ne?

가스레인지를 켜 두고 외출하신 경험이 있으신가요?

电磁炉有自动关闭功能，可以放心使用。

Diàncílú yǒu zìdòng guānbì gōngnéng, kěyǐ fàngxīn shǐyòng.

인덕션에는 자동 꺼짐 기능이 있어서 안심하고 사용할 수 있습니다.

洗碗机 xǐwǎnjī 식기세척기 | 疲于 pí yú ~에 지치다 | 洗涤 xǐdí 세척하다, 세탁하다 | 杀菌 shājūn 살균하다 | 搅碎 jiǎosuì 휘저어 부수다, 갈다 | 细腻 xìnì 보드랍고 매끄럽다, 곱다 | 便于 biànyù ~하기에 편리하다 | 煤气灶 méiqìzào 가스레인지, 가스버너 | 电磁炉 diàncílú 인덕션

像最近这样的梅雨季节，大家都为湿气发愁吧？
Xiàng zuìjìn zhèyàng de méiyǔ jìjié, dàjiā dōu wéi shīqì fāchóu ba?
요즘같은 장마철에 습기 때문에 고민이시죠?

2022年最新款空调除湿功能得到升级，
Èr líng èr èr nián zuì xīn kuǎn kòngtiáo chúshī gōngnéng dédào shēngjí,
梅雨季节也能维持舒适的室内空气。
méiyǔ jìjié yě néng wéichí shūshì de shìnèi kōngqì.
2022년 신형 에어컨은 제습 기능이 강화되어서 장마철에도 쾌적한 실내 공기를 유지시켜 줍니다.

清扫灰尘和擦地要分别做，大家觉得很麻烦，对吧？
Qīngsǎo huīchén hé cā dì yào fēnbié zuò, dàjiā juéde hěn máfan, duì ba?
먼지 청소와 물걸레질 따로 하느라 번거로우셨죠?

新一代扫地机器人同时具备吸尘功能和湿抹布擦地功能，因此清扫时间
Xīn yí dài sǎodì jīqìrén tóngshí jùbèi xī chén gōngnéng hé shī mābù cā dì gōngnéng, yīncǐ qīngsǎo shíjiān
将大幅缩短，清扫结束后还可以自行充电。
jiāng dàfú suōduǎn, qīngsǎo jiéshù hòu hái kěyǐ zìxíng chōngdiàn.
차세대 로봇 청소기는 먼지 흡입 기능과 물걸레 청소 기능을 동시에 갖추고 있어,
청소 시간이 훨씬 단축되고요, 청소가 끝나면 스스로 충전까지 할 수 있어요.

该平板电脑在电源按钮处内置指纹识别传感器，可以快速解锁。
Gāi píngbǎn diànnǎo zài diànyuán ànniǔ chù nèizhì zhǐwén shìbié chuángǎnqì, kěyǐ kuàisù jiěsuǒ.
이 태블릿 PC의 전원 버튼에는 지문 인식 센서가 내장되어 빠르게 잠금 해제할 수 있어요.

8.3英寸的显示屏不大不小，携带方便。
Bā diǎn sān yīngcùn de xiǎnshìpíng bú dà bù xiǎo, xiédài fāngbiàn.
8.3인치 디스플레이는 크지도 작지도 않아서 휴대하기에 좋답니다.

 -

梅雨 méiyǔ 장마 | 湿气 shīqì 습기 | 发愁 fāchóu 근심하다, 걱정하다 | 平板电脑 píngbǎn diànnǎo 태블릿 PC | 电源 diànyuán 전원 | 按钮 ànniǔ 버튼 | 指纹识别 zhǐwén shíbié 지문 인식 | 传感器 chuángǎnqì 센서 | 解锁 jiěsuǒ 잠금을 해제하다 | 显示屏 xiǎnshìpíng 디스플레이 | 携带 xiédài 휴대하다

부록

라이브 커머스 FAQ

1. 포장, 배송　 TRACK 58

Case 1

订单支付完成后，多长时间可以配送？

Dìngdān zhīfù wánchéng hòu, duō cháng shíjiān kěyǐ pèisòng?

결제하고 나면 상품이 배송되기까지 얼마나 걸리나요?

您好，正常情况下会在 72 小时内发货。

Nín hǎo, zhèngcháng qíngkuàng xià huì zài qīshí'èr xiǎoshí nèi fā huò.

안녕하세요. 일반적으로 72시간 내에 상품이 발송됩니다.

 상담사

但是遇到新品发布、大型促销活动时可能稍有延迟，请您关注订单状态，以便第一时间了解发货情况。

Dànshì yùdào xīnpǐn fābù、dàxíng cùxiāo huódòng shí kěnéng shāo yǒu yánchí, qǐng nín guānzhù dìngdān zhuàngtài, yǐbiàn dì yī shíjiān liǎojiě fā huò qíngkuàng.

그러나 신제품 출시나 특별 프로모션 기간에는 약간 늦어질 수 있습니다.
상품 출고 상황은 주문 상태에서 바로 확인하실 수 있습니다.

 상담사

 답변을 입력해 주세요

我已支付成功，为什么订单还没有被确认?

Wǒ yǐ zhīfù chénggōng, wèi shénme dìngdān hái méiyǒu bèi quèrèn?

이미 결제를 마쳤는데 왜 주문이 확인되지 않나요?

상담사

很抱歉，很可能在支付的同时，商品已经售空。

Hěn bàoqiàn, hěn kěnéng zài zhīfù de tóngshí, shāngpǐn yǐjīng shòukōng.

죄송합니다. 아마도 결제와 동시에 상품이 품절된 경우인 것 같습니다.

 답변을 입력해 주세요

我能往各邮递地址发送礼物吗?

Wǒ néng wǎng gè yóudì dìzhǐ fāsòng lǐwù ma?

여러 배송지로 선물을 발송하고 싶은데 가능할까요?

상담사

每个订单只能指定一个邮递地址，每个ID一天仅限购买3次。

Měi ge dìngdān zhǐ néng zhǐdìng yí ge yóudì dìzhǐ, měi ge ID yì tiān jǐn xiàn gòumǎi sān cì.

주문 건당 배송처는 한곳만 지정 가능하며, 한 ID당 하루에 최대 3회까지만 구매가 가능합니다.

 답변을 입력해 주세요

Case 4

这是化妆品，我担心会发生破损，包装要怎么做呢？

Zhè shì huàzhuāngpǐn, wǒ dānxīn huì fāshēng pòsǔn, bāozhuāng yào zěnme zuò ne?

화장품이라 파손이 걱정되는데, 포장은 어떻게 해 주시나요?

상담사

化妆品包装会使用缓冲包材，以个别包装的方式包裹严密后寄送。

Huàzhuāngpǐn bāozhuāng huì shǐyòng huǎnchōng bāocái, yǐ gèbié bāozhuāng de fāngshì bāoguǒ yánmì hòu jìsòng.

화장품 포장은 완충제를 이용해서 개별 포장으로 꼼꼼히 싸서 보내 드립니다.

답변을 입력해 주세요

Case 5

未收到货怎么办？

Wèi shōudào huò zěnme bàn?

상품을 수령하지 못했다면 어떡하나요？

상담사

我们帮您确认一下，也建议您关注物流信息。

Wǒmen bāng nín quèrèn yíxià, yějiànyì nín guānzhù wùliú xìnxī, nín kěyǐ dāngmiàn yàn huò.

제가 확인 도와드리겠습니다. 귀하께서도 배송 정보를 확인해 보시기 바랍니다.

답변을 입력해 주세요

2. 반품/교환/환불 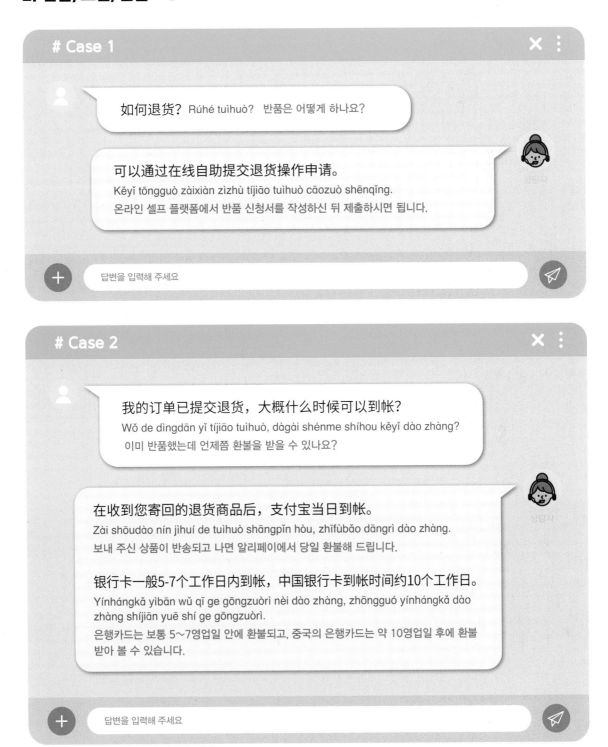 ▶ TRACK 59

Case 1

如何退货? Rúhé tuìhuò? 반품은 어떻게 하나요?

可以通过在线自助提交退货操作申请。
Kěyǐ tōngguò zàixiàn zìzhù tíjiāo tuìhuò cāozuò shēnqǐng.
온라인 셀프 플랫폼에서 반품 신청서를 작성하신 뒤 제출하시면 됩니다.

답변을 입력해 주세요

Case 2

我的订单已提交退货，大概什么时候可以到帐?
Wǒ de dìngdān yǐ tíjiāo tuìhuò, dàgài shénme shíhou kěyǐ dào zhàng?
이미 반품했는데 언제쯤 환불을 받을 수 있나요?

在收到您寄回的退货商品后，支付宝当日到帐。
Zài shōudào nín jìhuí de tuìhuò shāngpǐn hòu, zhīfùbǎo dāngrì dào zhàng.
보내 주신 상품이 반송되고 나면 알리페이에서 당일 환불해 드립니다.

银行卡一般5-7个工作日内到帐，中国银行卡到帐时间约10个工作日。
Yínhángkǎ yìbān wǔ qī ge gōngzuòrì nèi dào zhàng, zhōngguó yínhángkǎ dào
zhàng shíjiān yuē shí ge gōngzuòrì.
은행카드는 보통 5~7영업일 안에 환불되고, 중국의 은행카드는 약 10영업일 후에 환불
받아 볼 수 있습니다.

답변을 입력해 주세요

商品买错了，怎么办？订单里还使用了现金券、红包。
Shāngpǐn mǎicuò le, zěnme bàn? Dìngdān li hái shǐyòngle xiànjīnquàn、hóngbāo.
상품을 잘못 구입했을 때는 어떻게 하나요? 주문할 때 상품권과 쿠폰을 사용했습니다.

상담사

如商品买错，您可以重新下单。
Rú shāngpǐn mǎicuò, nín kěyǐ chóngxīn xiàdān.
만약 상품을 잘못 구입하셨다면 다시 주문해 주시기 바랍니다.

상담사

但重新下单过程中很可能您订单中的其他商品已经售空。
Dàn chóngxīn xiàdān guòchéng zhōng hěn kěnéng nín dìngdān zhōng de qítā shāngpǐn yǐjīng shòukōng.
하지만 재주문하는 과정에서 기존에 주문하셨던 다른 상품들이 품절될 수도 있습니다.

상담사

因此，请您务必谨慎下单，并且不忘记使用您的红包和现金券哟~祝您购物愉快~。
Yīncǐ, qǐng nín wùbì jǐnshèn xiàdān, bìngqiě bú wàngjì shǐyòng nín de hóngbāo hé xiànjīnquàn yō~ zhù nín gòuwù yúkuài ~.
그러니 신중하게 주문해 주시고 쿠폰이나 상품권 사용도 잊지 말아 주세요. 즐거운 쇼핑되세요.

상담사

 답변을 입력해 주세요

收到商品有问题怎么办?

Shōudào shāngpǐn yǒu wèntí zěnme bàn?

배송 받은 상품에 문제가 있을 경우 어떻게 하나요?

首先，为了确认问题是否属实提供实物图片。如果确认商品的确有问题，尽早予以解决。

Shǒuxiān, wèile quèrèn wèntí shìfǒu shǔshí tígōng shíwù túpiàn. Rúguǒ quèrèn shāngpǐn díquè yǒu wèntí, jǐnzǎo yǔyǐ jiějué.

우선 제품에 문제가 있는지 확인할 수 있도록 실제 제품 사진을 보내 주세요. 만약 상품에 문제가 있다는 것이 확인되면 최대한 빨리 해결해 드리겠습니다.

使用美容产品发生过敏、红斑、瘙痒、刺痛等症状，需开具医院诊断证明书。

Shǐyòng měiróng chǎnpǐn fāshēng guòmǐn、hóngbān、sàoyǎng、cì tòng děng zhèngzhuàng, xū kāijù yīyuàn zhěnduàn zhèngmíngshū.

뷰티 상품 이용 시 트러블(알레르기·붉은 반점·가려움·따가움)이 발생하는 경우, 진료 확인서 및 소견서 등을 증빙하면 환불 가능합니다.

답변을 입력해 주세요

商品的包装被损坏，还能退货吗?

Shāngpǐn de bāozhuāng bèi sǔnhuài, hái néng tuìhuò ma?

상품의 포장이 훼손됐는데 반품할 수 있나요?

상담사

因去除商品标签、商标及商品受损、配件缺失，导致商品价值减损的，则无法退货。

Yīn qùchú shāngpǐn biāoqiān、shāngbiāo jí shāngpǐn shòusǔn、pèijiàn quēshī, dǎozhì shāngpǐn jiàzhí jiǎnsǔn de, zé wúfǎ tuìhuò.

상품의 택(TAG) 제거·라벨 및 상품 훼손·구성품 누락으로 상품의 가치가 현저히 감소된 경우 반품 불가합니다.

상담사

已部分使用商品或者因疏忽造成损害、故障、污染，无法再进行销售的，不支持退货。

Yǐ bùfen shǐyòng shāngpǐn huòzhě yīn shūhū zàochéng sǔnhài、gùzhàng、wūrǎn, wúfǎ zài jìnxíng xiāoshòu de, bù zhīchí tuìhuò.

세트 상품 일부 사용, 취급 부주의로 인한 파손·고장·오염으로 재판매 불가한 경우 반품이 불가합니다.

 답변을 입력해 주세요

退换货流程如何？

Tuìhuàn huò liúchéng rúhé?

반품 및 교환 절차는 어떻게 되나요?

상담사

请您务必先直接与商家客服联系，说明退换货原因。

Qǐng nín wùbì xiān zhíjiē yǔ shāngjiā kèfù liánxì, shuōmíng tuìhuàn huò yuányīn.

우선 업체 고객 센터로 연락하셔서 반품이나 교환을 하려는 이유를 말씀해 주세요.

상담사

若商品符合退换货规则条件，客服将会为您提供商家退货地址和退货流程，买家未联系客服自行退货导致商家无法收到产品，商家有权不予处理。

Ruò shāngpǐn fúhé tuìhuàn huò guīzé tiáojiàn, kèfù jiāng huì wèi nín tígōng shāngjiā tuìhuò dìzhǐ hé tuìhuò liúchéng, mǎijiā wèi liánxì kèfú zìxíng tuìhuò dǎozhì shāngjiā wúfǎ shōudào chǎnpǐn, shāngjiā yǒu quán bù yǔ chǔlǐ.

만약 반품 및 교환 규정에 부합할 경우 고객 센터에서 반품하실 주소와 절차를 설명해 드립니다. 만약 고객센터로 연락하지 않고 개별적으로 반품을 진행했다가 업체에서 상품을 받지 못할 경우에는 반품이나 교환에 대해 책임지지 않습니다.

답변을 입력해 주세요

3. 공지사항 TRACK 60

소비자들이 궁금해할 만한 내용은 미리 알려 주는 게 좋겠죠? 라이브 방송 때는 상품 설명에만 집중할 수 있도록 배송·포장·반품·교환 관련 내용을 관련 페이지에 게재해 두고 소비자들이 읽을 수 있도록 안내해 보세요!

有关配送、包装、退货及换货的内容，请在订购页面查看。
Yǒuguān pèisòng, bāozhuāng, tuìhuò jí huàn huò de nèiróng, qǐng zài dìnggòu yèmiàn chákàn.
배송·포장·반품·교환 관련 내용은 주문 페이지에서 확인하실 수 있습니다!

本公司承诺符合以下情况，自客户签收商品次日起7日内可以退货，15日内可以换货，客户可在线提交申请办理退换货事宜。
Běn gōngsī chéngnuò fúhé yǐxià qíngkuàng, zì kèhù qiānshōu shāngpǐn cìrì qǐ qī rì nèi kěyǐ tuìhuò, shíwǔ rì nèi kěyǐ huàn huò, kèhù kě zàixiàn tíjiāo shēnqǐng bànlǐ tuìhuàn huò shìyí.
본사는 아래 내용을 약속드립니다. 상품 수령 후 다음날부터 7일 이내에 반품 해드리고, 15일 안에 교환도 가능합니다. 온라인에서 반품 및 환불 신청서를 작성하셔서 제출하시면 됩니다.

商家可以提供发票的，包含电子发票。合法的电子发票可以作为财务报销凭证及消费者权益保护的有效凭证。
Shāngjiā kěyǐ tígōng fāpiào de, bāohán diànzǐ fāpiào. Héfǎ de diànzǐ fāpiào kěyǐ zuòwéi cáiwù bàoxiāo píngzhèng jí xiāofèizhě quányì bǎohù de yǒuxiào píngzhèng.
업체에서는 영수증을 발급해드리고 있습니다. 전자 영수증도 포함됩니다. 합법적인 전자 영수증은 결산 증빙 자료로 사용할 수 있고 소비자 권익을 보호받는 유효한 자료로 사용 가능합니다.

 1 / 2

退换货时，请务必将商品的内带附件、赠品、保修卡、说明书、发票、检测报告等随同商品一起退回；如赠品已使用不符合退换货，主商品已退货，需扣除赠品金额。

Tuìhuàn huò shí, qǐng wùbì jiāng shāngpǐn de nèi dài fùjiàn、zèngpǐn、bǎoxiūkǎ、shuōmíngshū、fāpiào、jiǎncè bàogào děng suítóng shāngpǐn yìqǐ tuìhuí; rú zèngpǐn yǐ shǐyòng bù fúhé tuìhuàn huò, zhǔ shāngpǐn yǐ tuìhuò, xū kòuchú zèngpǐn jīn'é.

반품이나 교환할 때는 안에 든 상품 관련 내용물·사은품·제품 보증 카드·설명서·영수증·검사보고서 등을 상품과 함께 반송해 주세요. 만약 사은품을 이미 사용했다면 반품이나 교환이 불가합니다. 메인 상품을 이미 반송했다면 사은품 가격은 공제됩니다.

商品退货时，需扣除购买该商品所获得的积分及相应优惠券，如账户积分及优惠券已使用，则会从商品退款中相应扣除；礼品卡退货时金额退回卡内，不予兑现。

Shāngpǐn tuìhuò shí, xū kòuchú gòumǎi gāi shāngpǐn suǒ huòdé de jīfēn jí xiāngyìng yōuhuìquàn, rú zhànghù jīfēn jí yōuhuìquàn yǐ shǐyòng, zé huì cóng shāngpǐn tuìkuǎn zhōng xiāngyìng kòuchú; lǐpǐnkǎ tuìhuò shí jīn'é tuìhuí kǎ nèi, bù yǔ duìxiàn.

반품할 때는 상품 구매로 받은 포인트나 쿠폰은 차감됩니다. 만약 계정 포인트나 쿠폰을 이미 사용하셨다면 상품을 환불할 때 차감될 수 있습니다. 상품권은 반품할 때 카드에 포인트로 적립해 드리고 현금으로 지급하지는 않습니다.

友情提示：建议产品外包装、附件、赠品自收货之日起保留30日。

Yǒuqíng tíshì: Jiànyì chǎnpǐn wài bāozhuāng、fùjiàn、zèngpǐn zì shōu huò zhī rì qǐ bǎoliú sānshí rì.

알려 드립니다. 상품의 겉포장지와 부속품 및 사은품은 상품 수령 후 30일 동안은 보관해 주시기 바랍니다.

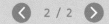

중국 라이브 커머스 플랫폼

중국 라이브 커머스 시장 규모가 급격하게 성장함에 따라 라이브 커머스 플랫폼 간 경쟁도 치열해지고 있습니다. 중국의 주요 라이브 커머스 플랫폼 10개 업체를 간단히 소개해 보겠습니다. 플랫폼의 특징에 맞추어 판매할 상품을 정하면 좋은 반응을 얻을 수 있겠죠?

모구지에 (蘑菇街)
중국 최초의 라이브 커머스 플랫폼으로, 여성 미용 관련 상품으로 특화되어 있다. 현재는 시장점유율이 낮은 편이다.

타오바오 (淘宝)
중국 전자상거래 시장 점유율 1위 이커머스 플랫폼으로, 타오바오 내 모든 상품이 판매 대상이며, 플랫폼 이용자 대부분이 상품 구입을 위해 방송을 시청하므로 구매전환율이 높다.

징둥닷컴 (京东商城)
중국판 아마존으로 불리는 중국 전자상거래 시장 점유율 2위 이커머스 플랫폼으로, 전자제품 구매 비중이 높은 편이다.

더우인 (抖音)	틱톡의 중국판으로, 전 연령대가 이용하는 숏클립 콘텐츠 플랫폼이다. 숏클립이나 라이브 방송을 통해 상품을 판매할 수 있다. 주로 패션 뷰티 관련 상품이 인기 있는 편이다.
콰이쇼우 (快手)	숏클립 콘텐츠 플랫폼으로, 다른 플랫폼에 비해 중장년층의 이용률이 높은 편이다. 100위안 이내 저가 상품 위주로 판매되며 구매전환율도 높은 편이다.
웨이핀후이 (唯品会)	브랜드 제품을 특판하는 플랫폼으로, 주요 소비층은 유행에 민감한 20-30대 여성층이며, 제품 가격대는 낮은 편에 속한다.
왕이카오라 (网易考拉)	중국 인터넷 기업 '왕이(网易)' 산하의 이커머스 기업으로, 중국 최대 해외 직구 플랫폼이다. 정관장·닥터자르트 등 한국 기업과도 협력하고 있다.
핀둬둬 (拼多多)	'여러 사람을 모아 싸게 구매하자'는 공동구매 직구 플랫폼으로, 카카오쇼핑의 '톡딜'과 비슷한 플랫폼이다. 초저가 제품 위주로 판매되는 경향이 있다.
위챗 (微信)	국민 메신저 어플 '위챗'에서 운영하는 라이브 커머스로, 구매전환율이 높은 편이다.
샤오홍슈 (小红书)	중국판 인스타그램이라고 소개할 수 있는 소셜 플랫폼이다. 35세 이하 여성 이용자가 대부분으로, 뷰티 연관 상품이 주로 판매된다.

실전 중국 라이브 커머스 판매 영상

라이브 커머스 방송을 자연스럽게 진행하려면 아무래도 실제 라이브 영상들을 많이 접해 보는 게 중요합니다. 중국의 4대 왕홍 리자치(李佳琦), 웨이야(微娅), 장다이(张大奕), 파피장(papi酱) 및 다른 왕홍들의 인기 라이브 영상들을 보며 현장감을 익혀 보세요.

 리자치의 립스틱 판매 영상

 웨이야 휴대폰 판매 영상

 장바이즈 판매 영상 [주방 가전, 생활 용품 등]

 동우훼이 식품 판매 영상

 중국 음식 판매 영상

 중국 홈쇼핑 판매 영상 ❶: 가글

 중국 홈쇼핑 판매 영상 ❷: 속옷

 중국 홈쇼핑 판매 영상 ❸: 탈모 완화 샴푸

왕홍 경제와 라이브 커머스 이해하기

외국인으로서 중국 라이브 커머스 시장에서 성공적으로 자리를 잡으려면 단순히 중국어 표현만 잘 알아서는 소비자들의 마음을 사로잡기 어렵습니다. 쇼호스트로서 물건을 판매할 때 도움이 되는 꿀팁들을 아래 영상을 통해 배워 보세요.

언택트 쇼핑, 라이브 커머스의 세계

억대 매출 쇼호스트가 알려 주는 건강 기능 식품 매출 올리는 방법

현직 쇼호스트가 알려주는 식품 매출 올리는 방법

왕홍 경제 규제 관련 뉴스

나의 겁없는
왕훙 커머스 중국어

지은이 이선아
펴낸이 정규도
펴낸곳 (주) 다락원

초판 1쇄 발행 2022년 11월 11일

기획·편집 박소정, 이상윤

디자인 디자인잔
일러스트 정은지
사진 Shutterstock
녹음 郭洋, 朴龙君, 허강원

다락원 경기도 파주시 문발로 211
전화 (02)736-2031(내선 250~252 / 내선 430, 437)
팩스 (02)732-2037
출판등록 1977년 9월 16일 제406-2008-000007호

정가 15,000원 (MP3 무료 다운로드)
ISBN 978-89-277-2309-7 13720

PHOTO CREDITS
Tada Images (p.124)

www.darakwon.co.kr
다락원 홈페이지를 방문하시면 상세한 출판 정보와 함께 동영상 강좌, MP3 자료
등 다양한 어학 정보를 얻으실 수 있습니다.